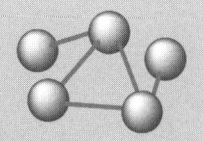

ософ
キー・コンピテンシーの実践
学び続ける教師のために

立田慶裕【著】

明石書店

Key Competencies for Learning Teachers

はじめに

　キー・コンピテンシーは、人が生きるための根源的な力である。
　激しく変化する社会の中で、私たちはいろんな問題にぶつかる。その時、いろんな理想や計画、体力、意欲など自分が持っている資源の力、言葉と知識や技、テクノロジーといった道具の力、そして自分だけでなく知人や友人の協力を得て、そうした資源を総動員して問題を解決できる力である。一人の人間が持つ総合的な力や資質と言えるし、生きる力と言ってもいいだろう。
　では、なぜわざわざ「コンピテンシー」などという難しいことばを使うのか？　その理由については、前に翻訳した『キー・コンピテンシー：国際標準の学力をめざして』の監訳者序文にも書いた。
　最も主たる理由は、知識や技能を伝達するだけの教育には限界があることが20世紀後半に問われ、21世紀の教育では、意欲や関心を含む態度や、生きるために必要な多様な能力の形成が求められるようになったからである。2000年から始まったOECD生徒の学習到達度調査（PISA）では、基本的な読解力の定義に「取り組む」あるいは「関わる」という態度が含まれている。2004年に始まった国際成人力調査（PIAAC）の専門家会合では当初からキー・コンピテンシーの測定が前提とされていた。コンピテンシーという概念自体がOECDの教育調査で常識とされており、伝達型の教育から社会へ積極的に参加する学習、優れた資質を備えた市民を育てる教育など、知識基盤社会の中ではいっそう創造的な教育が必要とされはじめた。
　にもかかわらず、大学を含む学校教育の現場では、21世紀に入ってからも旧態依然たる教育が行われてきた。基礎・基本の学力さえ身につけれ

ば十分であり、これまでの日本の教育は、非常に高い水準の教育を行ってきたので、これ以上の教育改革など必要ない、などという意見も時には聞く。

確かに、これまで教育の先達たちは、学校教育のカリキュラムや制度を工夫し、学校を卒業した人材が社会で活躍できるために必要な知識やスキルを身につけられるように考えてきた。もちろん、そうした先人が築いてきた教育の歴史は大切にしなければならない。

しかし、きわめて膨大な知識や情報、そして多様な職業が存在する今日、学校教育という一定の期間ではそのすべてを教えることが難しいという社会において、まずは市民として必要な基礎知識とスキルを習得し、それぞれの職業に必要な一定の専門的知識を身につけ、後の学習は学校教育修了後に行う時代となってきたことは、1980年代の教育改革の中で何度も論じられ、大筋の合意を得て、生涯学習の政策が展開されてきたのである。学校教育修了後も、その職業に必要な知識やスキルを、あるいは人間として学んでいきたいことを、学び続けるための知識とスキルを身につけることが考えられはじめた。急速に変化する社会に応じた新たな知識やスキル、テクノロジーを身につけて学び続ける社会、すなわち生涯学習の時代の到来である。

そのような中で、教えることの専門家である教師こそ、学び続ける人々のモデルとなるだろう。学び続ける教師に教えられる児童や生徒は、大きな影響を受けて優れた学習者になる可能性がある。読書の社会的習慣が世代にわたって遺伝していくように、学習の習慣も、学校教育を通じて教師から児童や生徒へ社会的に伝染していく。

ただ、実際の教員はいつも多忙であり、自分の授業準備に追われるどころか、個々の生徒指導にも非常に多くの時間を取られている。そのような中で、これ以上学び続ける必要性を高みから説いても、そのような時間はないと一蹴されるかもしれない。

しかし、多くの教師は、時間があれば学び続けたいという意欲を持つ人

が多いと私は考えている。教えるためには学び続ける必要があるからだ。また、一度学ぶことの喜びを知った人は、生涯にわたっていろんなことを学びたいという傾向性、それこそ、根源的な欲求を持つことをこれまでの生涯学習の研究の中でみてきたからである。

　2013年に、ある県の国立大学附属中学・高校の教師研修会に2度招かれて講演を行った。最初の講演の依頼内容は、2000年以降の世界の教育の動向として、知識基盤社会とは何か、その中でどのような教育が求められているかを話してほしいというものであった。そこでは、OECD教育研究革新センターの『知識の創造・普及・活用：学習社会のナレッジ・マネジメント』（2012年）という本を参考に、教育における知識の創造や活用の重要性を論じた。講演後の反応でも、知識基盤社会そのものがよく理解できたといわれた。さらに続けて、今後の動向として、知識構成論の立場から生徒育成のための学習方略を論じてほしいという依頼がきた。後者の講演では、OECD教育研究革新センターの研究成果として、『学習の本質：研究の活用から実践へ』（2013年）という本を参考にその内容を説明した。

　この附属中学・高校の先生方の研究テーマは、新学習指導要領にある「知識基盤社会」を基礎として、いかに生徒の授業方略を計画していくかという点にあった。しかし、その前提となる知識として、OECDが行う教育についての国際調査やその背景にある能力観を説明しないと十分な理解が得られない。20世紀の最後の年にOECDが中心となって進められた「コンピテンシーに関する定義と選択」のシンポジウムで提案された3つのキー・コンピテンシーの理解が不可欠となる。また、その後、世界の教育政策の中でどのようなコンピテンシーが提案され、国際調査ではどのような学力測定が行われているかも重要な背景的知識であろう。

　この2つの講演後、2014年早々に、この県のすべての小学校から中学校、高校の先生を対象とした学力向上のための実践交流会に再び招かれ、教育の国際的動向と新しい学習指導要領の背景にある能力観と具体的な教授法

について論じた。

これらの講演を通じて依頼された教師の方々と接する中で考えたことは、生徒に教える教授内容としてキー・コンピテンシーを教師が深く理解するためには、キー・コンピテンシーが必要とされる国際社会の変化という背景的知識と、キー・コンピテンシーを含めた多様な能力を教える上での教師自身の専門的な教育力の向上の必要性の認識である。

つまり、今後の教育改革に対応して、教師自身が国際社会の教育の方向性を把握するためには、次の4つの点が重要となるのではないだろうか。

第一は、知識基盤社会の認識である。

第1次産業社会から工業社会へ、そして高度情報社会を経て、第3次産業が中心となり、知識が生産や富の基盤となる知識基盤社会では、高度な知識を活用できる人材が求められる。また、社会そのものの多様化と複雑化が進む中で、人々にはそうした社会を生きるための高度な知識と学習のスキルを生涯にわたって学ぶ必要が生まれている。

第二に、多様化し、複雑化する世界の変化の中での教育の方向である。

経済を基本的な事業と研究の対象としている経済協力開発機構、OECDは、教育が世界の安定化と平和にとって重要な領域であると考え、20世紀末以降教育の政策研究にも重点を置いてきた。なかでも、OECDやIEA（国際教育到達度評価学会）が行う各種の教育に関わる国際調査は、その結果を各国の教育政策に活用するという目標のもと多くの国の参加を得てきており、国際的な教育の動向を知る上では重要な実証的根拠を提供し、教育の方向性に大きな影響をもたらしている。こうした国際調査には次のようなものがある。

- **ECES**（The IEA Early Childhood Education Study）：幼児教育の実態、展開状況を分析するために行われる国際比較研究。
- **PIRLS**（Progress in International Reading Literacy Survey）：小学4年生を対象とした読解力の国際調査。

- **TIMMS**（Trends in International Mathematics and Science Study、国際数学・理科教育動向調査）：小学校4年生と中学校2年生を対象に、理科と数学の学力を調べる。
- **ICCS**（The International Civic and Citizenship Education Study）：13～14歳を対象に、公民教育や市民性教育の成果を測定する。
- **ICILS**（International Computer and Information Literacy Study）：13～14歳を対象に、コンピュータや情報リテラシーを活用し、家庭や学校、職場、地域に参加する能力を測定する。
- **PISA**（Programme for International Student Assessment、OECD生徒の学習到達度調査）：15歳を対象として読解力と数的リテラシー、科学的リテラシーに加えて新たなリテラシーの調査を試みる。
- **TALIS**（Teaching and Learning International Survey、OECD国際教員指導環境調査）：教員を対象として効果的な教育実践と学習環境作りをめざす。
- **AHELO**（Assessment of Higher Education Learning Outcomes、高等教育における学習成果の評価）：大学生を対象に学習成果の測定をめざす。
- **PIAAC**（Programme for the International Assessment of Adult Competencies、国際成人力調査）：1990年代に行われてきた成人リテラシーの国際調査を引き継ぎ、16～65歳のコンピテンシーを測定する。

　これらの調査結果を踏まえて、各国はその教育戦略を形成するため、各調査が求めている学力や学習成果、リテラシーやコンピテンシーも各国の教育カリキュラムに大きな影響を及ぼすと考えられる。
　第三に、基礎学力の変化である。

上記の国際調査の内容では、リテラシー調査に代表されるように、従来の記憶を中心とした知識の学習では不十分という視点から、いっそう高度なリテラシーやスキルが求められている。単なる知識の記憶を中心とした教育から、高度な認知的スキルや市民性など、広い意味を持った高度な知識とスキル、コンピテンシーが基礎的な力として考えられるようになってきている。コンピテンシーの学術的なシンポジウムから生み出されたキー・コンピテンシーは、その後の各種のコンピテンシーやスキルの視点にも影響を及ぼしている。
　第四に、生涯学習の視点である。
　つまりOECD自体がその教育戦略において生涯学習を重視し、世界各国が学習は生涯にわたって継続されるという共通の認識が20世紀の終わりには生まれてきたという点である。それはまた、学習が学校教育で完了するのではなく、生涯学習による専門的な力の向上が各人に求められる時代に入ったことを意味する。このことは、教師も例外ではなく、優れた教育を行うために、教師にはいっそう高度な教育の専門的知識とスキルが求められるようになりつつある。
　こうした教育の変化は、ともすれば、教育を受ける児童や生徒、学生だけに影響するものととられがちである。しかし、TALISやPIAACといった調査によれば、多くの教師や成人もまた、専門的能力の向上やコンピテンシー向上のために継続的に学習したいと考えていることが明らかにされている。
　本書は、こうした視点から、教えられる子どもたちではなく、教師自身がいかにキー・コンピテンシーを身につければいいか、教師自身が生涯にわたって学び続けられるようにするためのヒントを提供できればと考えて執筆した。キー・コンピテンシーの獲得は、人生の成功と社会の発展につながると考えられている。その目標と効果が正しいなら、このコンピテンシーを身につけた人は、変動する社会を生き抜き、幸福への道を進むことができる。教師の場合には、どのようなコンピテンシーの獲得が必要とな

はじめに

るか、そしてそのコンピテンシーの獲得が教育にどのような効果をもたらすかを考察した。

　本書の第Ⅰ部では、まずキー・コンピテンシーとは何かを説明する。その国際的背景とコンピテンシーの意義を確認した後、第Ⅱ部から第Ⅳ部では、キー・コンピテンシーの3つの要素、自己啓発力、人間関係力、道具活用力のそれぞれについて詳細に述べる。そして最後に、キー・コンピテンシーの核であるふりかえり、省察の力について述べた後、欧米やアジアで展開されているキー・コンピテンシーの動向にふれ、その変化を踏まえて学び続ける教師の力の向上について考えてみた。

　今後、さらに高度な知識社会の発展が予想される中で、学び続ける教師をはじめとし、教師のまわりで教育を支える人々や本書を手にとってくださった読者のために、人生の成功と学習のためのヒントやキーワードが少しでも提供できればと願っている。

2014年 正月

立田 慶裕

キー・コンピテンシーの実践

――学び続ける教師のために――

◎

目　次

はじめに ·· 3

第Ⅰ部　キー・コンピテンシーとは何か

第1章　人間力の高度化の中で ·· 21
　はじめに ·· 22
　第1節　教師の人間力とは ··· 22
　第2節　知識基盤社会の教育と学習 ·· 26

第2章　キー・コンピテンシーとは何か ·· 35
　第1節　OECDのデセコプロジェクト ··· 36
　第2節　キー・コンピテンシーの核心 ·· 41

第Ⅱ部　自己啓発力
　　　　　──自律的に活動する力──

第3章　展望力──ビジョンを持つ── ·· 49
　第1節　ビジョンを持つ ·· 50
　第2節　前向きのビジョンと気づき ·· 53

第4章　物語力──道筋を作る── ·· 55
　第1節　2つの物語力 ·· 56
　第2節　教材としての物語 ··· 56
　第3節　物語の選択 ·· 59
　第4節　人生の指針としての物語 ··· 60
　第5節　計画を支える自己管理 ··· 63

第5章 表現力 ──個性を磨く── 67
第1節 生きるために必要な表現力 68
第2節 専門的教育者としての表現力 69
第3節 向上心について 71

第Ⅲ部 人間関係力
──異質な集団で交流する力──

第6章 対話力 ──関係を作る── 77
第1節 共に生きることを学ぶ 78
第2節 対話の力 79
第3節 生徒との対話から 86

第7章 協働力 ──チームで働く── 89
第1節 教職員の協働 90
第2節 気持ちのそろった教職員集団 91
第3節 協働力というコンピテンシー 94

第8章 問題解決力 ──達成感を得る── 97
第1節 教師としての成長感 98
第2節 問題解決力 99
第3節 多様な問題解決法 102
第4節 教師として「生きる」問題 104

第Ⅳ部　道具活用力
———相互作用的に道具を用いる力———

第9章　言葉の力 ——関心を持つ—— 109
第1節　「初めに言葉ありき」 110
第2節　社会に参加するリテラシー 111
第3節　教育力としての言葉の力 113
第4節　言葉が人を育てる 114
第5節　読書への関わり 115
第6節　読書のメリット 117

第10章　科学的思考力 ——専門家になる—— 121
第1節　知識を活用するスキル 122
第2節　知識と情報の相互作用的な活用 123
第3節　根拠に基づき考える 126
第4節　知識ベースの更新 127

第11章　テクノロジー ——スキルを磨く—— 131
第1節　科学からテクノロジーへ 132
第2節　新しい形の学び方や働き方 134
第3節　テクノロジーの向上 134
第4節　教育実践への活用 135

第Ⅴ部　学び続ける教師のために

第12章　熟練教師の人間力 145
第1節　再び、キー・コンピテンシーとは 146
第2節　ニュージーランドの教育 147
第3節　効果的な教育 148
第4節　熟練教師の資質 150
第5節　自己をマネージする 152

第13章　省察の力 ── ふりかえり ── 155
はじめに 156
第1節　精神の発達 156
第2節　精神発達の条件 160
第3節　省察の意義と具体的方法 163

第14章　コンピテンシー向上に向かう世界 171
はじめに 172
第1節　教師のコンピテンシーの共通原則（EU） 172
第2節　教師のICTコンピテンシー（ユネスコ） 176
第3節　教育の専門性と協働性の向上へ 179

参考・引用文献 187
資料　教師のコンピテンシーと資格のヨーロッパ共通原則 195
あとがき ── 人として生きる力 ── 205

図の一覧

図1	日本の産業別人口構成の変化	27
図2	教育と世界の潮流	30
図3	OECDデセコプロジェクト（1999〜2002年）	37
図4	3つのキー・コンピテンシー	40
図5	コンピテンシーとは	43
図6	レンズ・フレーム・ビジョン	50
図7	代表的な思考の枠組み	51
図8	Story（小さな物語〜大きな物語）	61
図9	年齢別にみた計画作成能力	62
図10	職場の学習プロセス	64
図11	CAATモデル	65
図12	教師のメディア・リテラシー	70
図13	共に生きる力	78
図14	対話の流れ	85
図15	教職員が協力する校風	91
図16	力のある学校（スクールバスモデル）	92
図17	協働性に影響する3つの行動	95
図18	3つの人間関係力	100
図19	問題解決のプロセス	101
図20	読解力の要素	112
図21	読書のメリット	118
図22	わかりやすい話（イメージへの定着）	128
図23	学習形態の変化に伴うコンピテンシーの向上	130
図24	科学とテクノロジーの違い	133
図25	人と社会の発展に向けて	147
図26	コルブの経験学習モデル1：ふりかえり	168
図27	コルブの経験学習モデル2：経験学習の具体的なモデル	168

図28　親と教師のパートナーシップ ……………………………………… 182

表の一覧

表1　問題解決のプロセス（ビッグ6モデル） ………………………… 103
表2　ICT利用が教師に与える各種の影響 ……………………………… 136
表3　学習成果の向上要因 ………………………………………………… 151

第Ⅰ部

キー・コンピテンシーとは何か

第1章

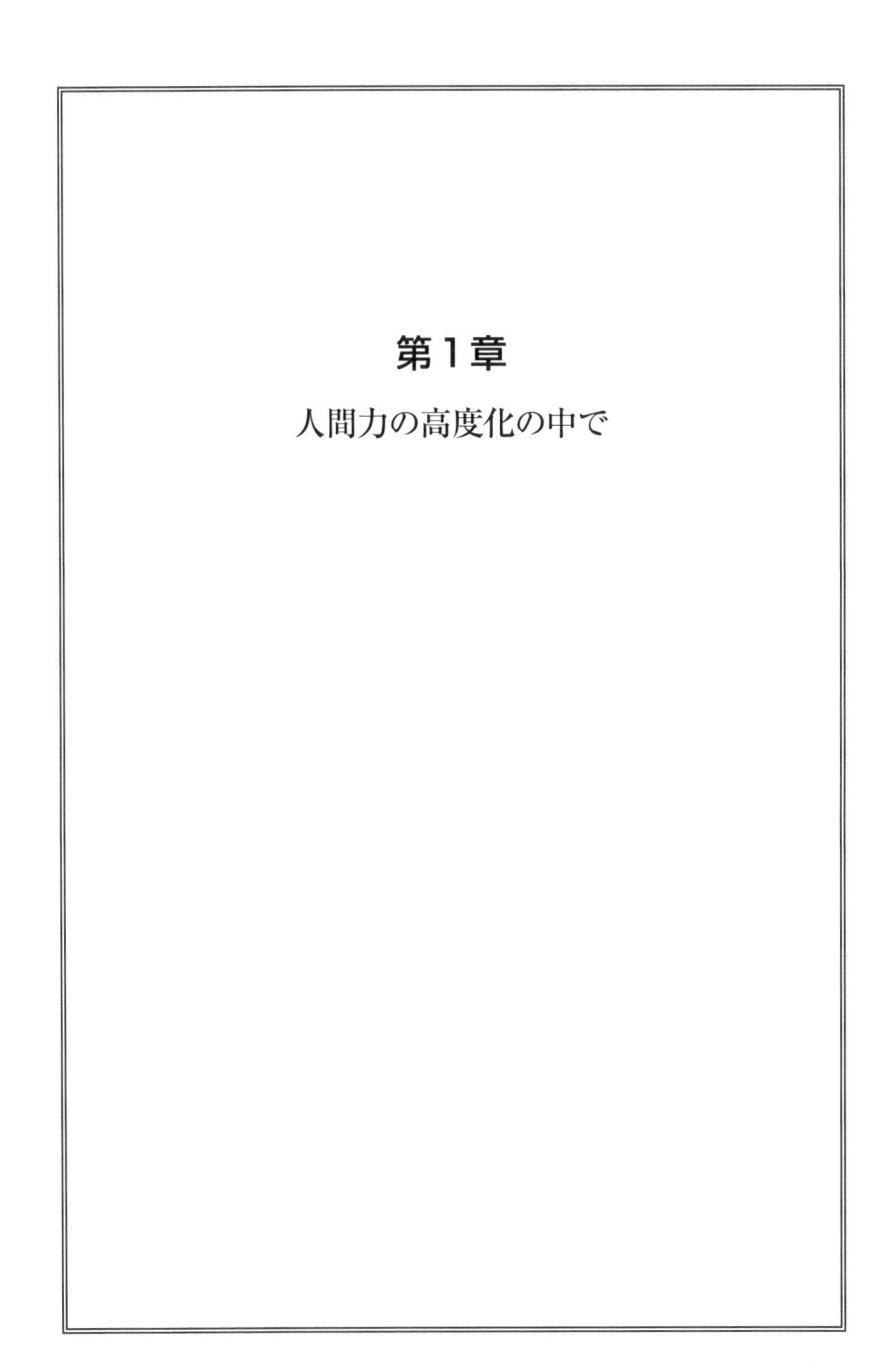

人間力の高度化の中で

はじめに

　近年問われているグローバル時代の総合的な人間力（キー・コンピテンシー）とは何か。激しく変化する時代において、子どもたちに求められる生きる力に対し、教師もまた、一人の成人として、「総合的な人間力」が求められている。特に、教師という職業には、どのような人間力が求められているのかを考えてみたい。まず、新しい学習指導要領の説明において、生きる力や人間力が求められており、それが世界全体での動きと連動していること、そして、なぜそのような力が求められるのか、その背景にある「知識基盤社会」という時代の特性について考えていくことにしよう。

第1節　教師の人間力とは

1.1　教師の資質向上と人間力

　「教師の資質能力の向上方策について」（昭和62年）という教育職員養成審議会答申を含めて、教師の資質向上についてはこれまでにも相当の議論が行われてきた。平成8年の中央教育審議会答申（「21世紀を展望した我が国の教育の在り方について」）では「生きる力」の育成を基本とした学校教育への転換が提言され、それを受けて平成11年の教養審答申（第3次）では、子どもたちの生きる力を育成することが教師にも期待されるとした。
　近年では、文部科学省から、『魅力ある教員を求めて』（初等中等教育局教職員課）というパンフレットも刊行され、そこでは、「教員に求められる資質能力」として、「いつの時代にも求められる資質能力」（たとえば、

教育者としての使命感、人間の成長・発達についての深い理解、幼児・児童・生徒に対する教育的愛情、教科等に関する専門的知識、広く豊かな教養）と「今後特に求められる資質能力」（地球的視野に立って行動するための資質能力、変化の時代を生きる社会人に求められる資質能力、教師の職務から必然的に求められる資質能力）の2つがあげられている。さらに、これらに基づく実践的指導力として、「教師の仕事に対する強い情熱」や「教育の専門家としての確かな力量」と同時に、「総合的な人間力」があるという。ここでいう人間力とは何であろうか。

総合的な人間力について、平成20年の中央教育審議会答申「新しい時代を切り拓く生涯学習の振興方策について」をみると、生涯学習の振興への要請とともに、社会の変化や要請に対応するために必要な力として、「国民が生涯にわたって各個人のニーズに応じて学習を継続することができる環境を整備し、国民一人一人がこのような社会を生き抜いていくための総合的な力を身につけること」を支援することが重要としている。この答申では、「次代を担う子どもたちに必要な生きる力」とともに、成人についても「変化の激しい時代を生き抜くために必要な力」が求められ、「自立した一人の人間として力強く生きていくための総合的な力」が重要という。

ここでいう、総合的な力とは、「単なる知識や技能だけではなく、技能や態度を含む様々な心理的・社会的なリソースを活用して、特定の文脈の中で複雑な課題に対応することができる力」、「主要能力（キー・コンピテンシー）」を意味する。

総合的な人間力であるキー・コンピテンシーについては、日本だけではなく、世界各国の教育現場でも重視されるようになってきている。

1.2　社会人に求められる人間力

たとえば、近年、社会人に求められる力として、いくつかの省庁が能力

概念の枠組みを提供している。

　たとえば、文部科学省は、「職業的発達諸能力」（人間関係形成能力、情報活用能力、将来設計能力、意思決定能力）を、経済産業省は、「社会人基礎力」（アクション、シンキング、チームワーク）を、厚生労働省は、「人間力」（コミュニケーション能力、職業人意識、ビジネスマナー、資格取得）をあげている。

　さらに、文部科学省では、平成20年の答申「学士課程教育の構築に向けて」で、「各専攻分野を通じて培う学士力〜学士課程共通の学習成果に関する参考指針〜」の提案を行った。この学士力は、

1) 知識・理解（多文化・異文化と、人類の文化や社会と自然に関する知識の理解）
2) 汎用的技能（コミュニケーション・スキル、数的スキル、情報リテラシー、論理的思考力、問題解決力）
3) 態度・志向性（自己管理力、チームワーク・リーダーシップ、倫理観、市民としての社会的責任、生涯学習力）
4) 統合的な学習経験と創造的思考力（獲得した知識・技能・態度等の総合的活用、新たな課題への適用と課題解決力）

の4つから構成される。

1.3　世界の教育目標の標準化

　さらに、2006年に、今度は、ECが「生涯学習のためのキー・コンピテンシー：ヨーロッパ準拠枠組み」と題した提言を出し、各国の教育目標モデルとなる次のようなコンピテンシーを提言し、フランスなどいくつかの国がこのモデルを採用しはじめた。そこで提案されたのは次の8つである。

1）第一言語でのコミュニケーション
2）外国語でのコミュニケーション
3）数学的コンピテンスと科学技術の基礎的コンピテンシー
4）デジタル・コンピテンス
5）学習法の学習
6）社会的・市民的コンピテンシー
7）進取の精神と起業家精神
8）文化的気づきと表現

　また、新たな国際調査としては、2009年に予備調査が行われたOECDの大学版PISA、高等教育における学習成果の評価調査（AHELO）では、汎用的技能（Generic skills strand）、専攻能力（Discipline strand）、付加価値能力（Value-added measurement strand）、状況対応能力（Contextual strand）の4つの要素が考えられているが、この汎用的技能がキー・コンピテンシーの一部にあたる。
　さらに、2013年に調査結果が公表された国際成人力調査（PIAAC）は、PISAの成人版であり、リテラシーやニューメラシーといった言語、記号、テクストを相互作用的に用いる力、科学的な思考という知識や情報を相互作用的に用いる力、ICTといった技術を相互作用的に用いる力とともに、課題解決力を含むキー・コンピテンシーを測定し、各国における生涯学習政策への活用をねらいとしている。
　こうして、高校、大学、成人の各段階で学力や人間力の国際的な調査活動が行われはじめ、その背景には、各国がそれぞれ目標とする人間力の枠組みを考え、国際的に標準化した人間力の考え方が共通して表れはじめている。本書では、OECDのデセコが提示した枠組み、キー・コンピテンシーを基にして教育の専門家である教師の人間力を、それぞれのコンピテンシーについて考えていくことにしよう。ただ、その前に、こうした世界変化の背景に、大きな時代の変化もあることを考えておきたい。それは、

様々な答申で用いられる「知識基盤社会」という時代の意味である。

第2節　知識基盤社会の教育と学習

2.1　知識基盤社会の到来

　キー・コンピテンシーは、世界の教育や生涯学習の現場で重視されるようになってきている。その理由を理解する上で重要な点が、中央教育審議会答申や新しい学習指導要領の説明でも用いられている言葉、「知識基盤社会」である。
　まず、知識の重要性については、文明の早い段階から指摘され、昔から多様な定義と分類がなされてきた。たとえば、アリストテレスの知の区分には、エピステーメ（episteme、普遍的で理論化された知識としてのノウファイ）、テクネー（techne、技術的で、具体的、実践に関連する知識としてのノウハウ）、フロネーシス（phronesis、規範的で、経験に基づき、常識に関わる実践的な知恵）がある。また、最近ではOECDが、何を知っているかという事実に関する知識としてのノウファット（Know what）、なぜかという原理や法則に関する知識としてのノウファイ（Know why）、どうすればいいかという技能としての知識であるノウハウ（Know how）、誰を知っているかに関する知識であるノウフウ（Know who）の4つのカテゴリーに分けている（OECD、2000）。いずれの場合も、知識は、単なる情報やデータではなく、それらが何らかの基準や方法により、体系化や理論化が図られ、蓄積されたものとして定義されている。その基準や方法によって知識の定義もまた異なっている。
　そうした知識の持つ意義が20世紀後半から変わりはじめた。大量の情報を処理できるコンピュータが発明され、国際的なネットワークの基盤が整備されて、情報や知識を大量に処理できるようになってきた一方、農業

や工業における機械化や技術の高度化が進み、知識の量的増大と高度化が進んできたのである。

　図1は、日本の産業分類別の人口構成の変化を見たものである。筆者が生まれた1950年代には、第1次産業人口が49％を占め、第3次人口は30％にすぎなかった。ところが、21世紀初頭には第1次産業人口は5％にまで激減し、第3次産業人口が7割弱を占めるようになったのである。この第3次産業人口とはサービス産業従事者であり、特に20世紀の後半には知識集約型のサービス産業従事者が増大することとなった。農業社会から工業社会、そして情報社会を経て、知識基盤社会への移行が急激に進んだのである。

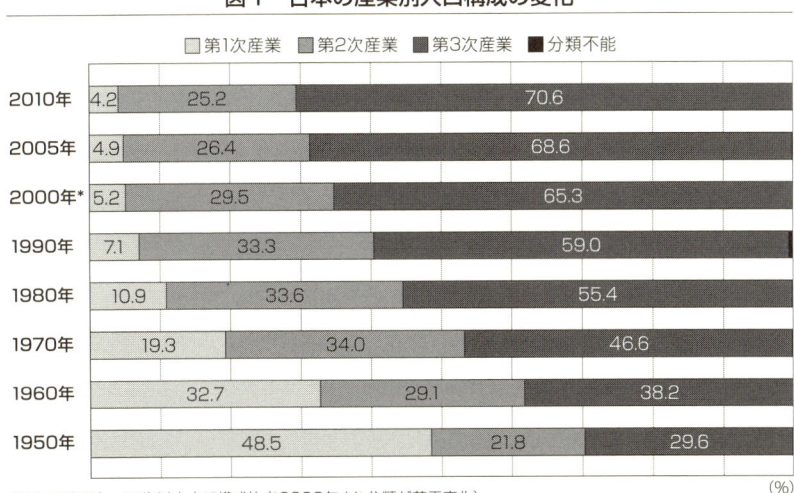

図1　日本の産業別人口構成の変化

年	第1次産業	第2次産業	第3次産業	分類不能
2010年	4.2	25.2	70.6	
2005年	4.9	26.4	68.6	
2000年*	5.2	29.5	65.3	
1990年	7.1	33.3	59.0	
1980年	10.9	33.6	55.4	
1970年	19.3	34.0	46.6	
1960年	32.7	29.1	38.2	
1950年	48.5	21.8	29.6	

(%)

資料：国勢調査　15歳以上人口構成比（*2000年より分類が若干変化）

　20世紀後半の早くから、今後の来たるべき時代を知識経済社会としてとらえた未来学者ドラッカーは、1969年にその著書『断絶の時代』において、新しい産業社会が知識を中心に動くとした。ただ、その知識は従来のものとは異なる。「知識の性格が変わる。すでに知識が中心的な資本、

費用、資源となった。知識が、労働と仕事、学ぶこと、教えること、知識自らの本質とその使い方を変えた」（ドラッカー、2007、2頁）。

彼はまた、知識経済の特質である労働の形態、知識労働について次の特徴をあげている。「知識労働は生産的な労働の常として自らに対する需要を自ら生み出す。その需要はとめどがない。知識経済化によって技能がなくなることはない。逆に知識は技能の基盤となる。高度の技能を身につけるには知識が必要となる。しかも技能を伴わない知識は生産的たりえない。知識は技能の基盤として使う時初めて生産的となる」（同、274頁）。つまり、知識労働者は、知識と技能を別のものとして学ぶのではなく。それを統合化した存在として位置づける。

さらに、重要な点は、「学習法の学習」という力を必須のものとしている点である。「知識の基礎のもとに技能を学ぶ者はいかに学ぶかを学ぶ。新しい技能を容易に習得できるようになる。特定の技能について習熟し、1つの目的のための一揃いの道具の使い方だけを覚える徒弟制とは違い、知識を基盤とすることによって、学んだことを捨て新しいことを学ぶことができるようになる。すなわち、特定の仕事を特定の方法で行うかつての熟練工ではなく、知識、技能、道具を使いこなすテクノロジストとなる」（同、275頁）。

この指摘は、知識を知識として受動的に学ぶのではなく、技能や道具と結びつけ、いろいろな目的に応じて知識を活用する能力を持ち、状況や領域に応じて知識、技能や道具を身につけ使いこなす知的なテクノロジーが、知識基盤社会の労働で求められる能力ということを意味する。

2.2　知識基盤社会の特質

こうして変化した企業や社会の中で、1980年代後半以降に発展した経営論では、個人から集団や社会のレベルまで、どのような形で新しい知識を創造し、普及し、活用していくかというナレッジ・マネジメントが重要

な課題となった。その流れでは、知識社会の主な特質として、次の3点があげられる。

1. 知の共有化

知識論の先駆的学者ポラニーは、知識を、明確に見えない知識（暗黙知、目に見えない形で隠され私物化した知）と文章や書類のように誰でもが見て理解できる形となった知識（形式知、目に見える形で残され共有化した知）を区分している（ポラニー、1980）。

教師や医者など多くの専門家は経験と熟練を通じて暗黙知を持つが、それが集団で活用できる形式知とならず、知識の共有ができていない点に問題があるとされた。そこで、ナレッジ・マネジメントでは、個人が持つ暗黙知を集団で共有できる形式知にし活用することが重要と考える。専門家の暗黙知を抽出し、形式知として誰でもが共有化できる作業を行い、新たな知の創造を行おうとする。たとえば、人や地域の優れた実践は、ベストプラクティスやグッドプラクティス（GP）と呼ばれ多くの人がそれを真似る。ここに知識の移転が生じる。

2. 知識の移転

学校での重要な目標に、学び方を学ぶことがある。学校卒業後の職場でも、すべての就業者が自主的に学び職場へ貢献する能力が求められる。そこで重要な点は伝統的知識だけでなく、新たな学び方を学び、作り出した知識を伝えていくために高度に転移可能な知識と技能を身につけることである。個人から集団や組織への知識の移転に加え、企業間、地域間、学校間などの組織間での知識の共有化と移転への取り組みが課題となっていく。

3. 学習する組織

知の共有と移転を行うため、多くの人が学習者となり、進んで学習に取り組み、多様な学習成果をめざし、革新的・発展的な思考の枠組

みと共通の目標を持ち、協働して学ぶ方法を学び続ける組織を、センゲは「学習する組織」と呼んだ。彼は、企業だけでなく、学校の組織もまた「学習する組織」になることが重要であり、それが学校としても最強の組織になると考えたのである（センゲ、1995）。

こうした知の組織化と高度化を進める必要性は、世界の複雑化が進むにつれ、いっそう高まることとなってきた。それは教育の世界でも例外ではない。

2.3　複雑化する世界と教育の課題

知識の高度化や知識基盤社会への移行と並行して、20世紀後半以降、世界では多様な問題が発生している。図2には代表的な世界の問題を示したが、この多様な世界の潮流は、教育に多くの課題を与えている。

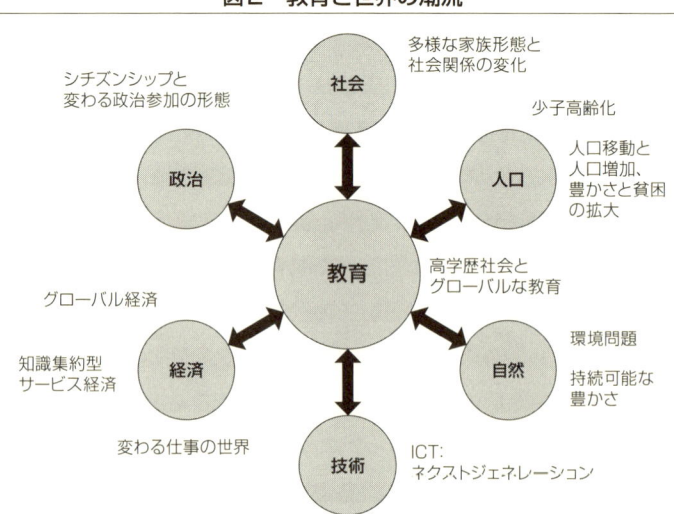

図2　教育と世界の潮流

- 社会：多様な家族形態と社会関係の変化
- 人口：少子高齢化、人口移動と人口増加、豊かさと貧困の拡大
- 自然：高学歴社会とグローバルな教育、環境問題、持続可能な豊かさ
- 技術：ICT：ネクストジェネレーション
- 経済：変わる仕事の世界、知識集約型サービス経済、グローバル経済
- 政治：シチズンシップと変わる政治参加の形態

出所：OECD教育研究革新センター（2009）『教育のトレンド：図表でみる世界の潮流と教育の課題』明石書店

政治の世界では、民主主義の進行と各種のNGO、NPOが活発な運動を展開し、自律的で社会への参加意欲を備えた世代の形成という点で教育への期待も高まっている。同時に、民主主義的な教育を経験した世代は、政治や社会を変える力となっていく。

　経済の世界では、第1次産業中心の時代から、第3次産業中心の時代への移行が進み、さらに高度な知識労働者を必要とする社会に移行している。教育でどのような高度な知識とスキル、そして意欲を備えた労働者が生み出されるかによって、経済自体も変化していく。

　また、テクノロジーの急激な進歩は、家庭や地域だけでなく、学校の情報環境や大学の研究環境を変えている。一方、教育がどのような人材を育てるかによって、テクノロジーの開発の内容や速度は異なっていく。同時に、ロボットなどの人手にとって代わるテクノロジーの進行は、労働の世界から人間の職を奪っていく。より高度なスキルや知識を身につけた人材によって新たな職業が開発されないと失業率はいっそう高くなっていく。

　自然環境の変化も学校の教育内容に大きな影響を及ぼしていることはいうまでもない。地球温暖化の進む中、人々が環境を守るための優れた自覚を求められ、持続可能な社会の形成のための教育、ESD（education for sustainable development）が教育現場に浸透している。地震や台風など突然生じる大災害への備えのための防災教育をどれだけ充実するかによって、地域の減災の可能性が高まっていく。

　人口問題では、高齢化が多くの国々で進行している。学校卒業後、あるいは退職後の長い人生の中で、学び続ける人々が増大し、生涯学習の需要は大きなものとなっている。他方、日本のように少子高齢化が進むと、生産年齢人口自体が減少し、労働生産性を効率化する必要性がさらに高まっている。高齢者が働き続けられる限り働き、次の世代を育てる社会が求められている。

　家族問題では、かつての社会のような大家族から、核家族へといった家族形態の変化が進んでいる。しかし、それ以上に大きな問題は、ひとり親

世帯が各国で増加し、「家族」という集団自体の存続が難しい状況になっていることである。これは、学校が従来協力の対象としてきた家庭の教育力が低下するということだけではなく、学校自体が家庭で行われてきた教育内容を負担する必要が生まれていることでもある。

　さらに、これらの問題は、それぞれが別個の問題として生じているわけではなく、1つの社会だけの閉じた問題というよりも、つながった世界の中で同時に進行している。その典型的な現象がグローバリゼーションである。労働市場は、一国内で閉ざされたものから、各国間にわたる市場へと変化している。世界的な市場の競争は、各国が国の勢力を維持するために、継続的なイノベーションを求める状況を作り出しており、教育もまたその波に巻き込まれている。高校生や大学生も、他国への留学を通じて、自分に適した教育機関を選択できるようになりつつある。また各国が自国へ優れた留学生を招聘し、他国の人材の確保を進めている。

　交通手段の発達や輸送コストの低下、国際間の壁の崩壊や交流の促進により、これらの課題は、各国における独立した問題ではない様相を呈してきた。閉じられた地域で、閉じられた学校で学び生活する時代には、生活上でこうした多様な問題を学ぶ必要もなく過ごすこともできただろう。

　しかし、現代はこうした複雑な世界の中で生きる力、多様な文化や言語を学び、高度な知識とスキルを身につけることで、国際社会を生き残る力だけではなく、新たな技術を開発し、各国が協力しあって問題を解決する力がすべての人にとって重要になってきたのである。ヨーロッパの統合や世界労働市場の発展の中で、国際間の貧困格差の進行や不平等の問題、環境問題、医療の開発といった課題を解決する力が求められている。そのためには、単に個人が世界競争の中で生き残るという個人の利益のためだけではなく、各人の優れた潜在能力を育てることで社会全体が利益を得るという視点が必要となっている。膨大な情報量の中から、一人の学習者が自分の潜在的な力を伸ばし、社会問題の解決に必要な知識と情報を、どれだけたやすく、速くアクセスできるか、そしていっそう高いレベルの教育機

会が得られるか、というユニバーサルアクセスの環境作り、ユニバーサルなデザインに基づく学習環境形成が教育の重要な問題となっている。

　こうした課題に対応するため、新たな知識を創造、普及、活用する方法が各地で採用された。OECDもまた、欧米12か国の教育や行政の関係者を集め教育についての知の共有化を図り、生まれた考え方が、キー・コンピテンシーなのである。自己啓発力、人間関係力、道具活用力の3つのコンピテンシーを中心に、教師の総合的人間力を高める方法について考えていきたい。

第2章

キー・コンピテンシーとは何か

第Ⅰ部 キー・コンピテンシーとは何か

第1節　OECDのデセコプロジェクト

1.1　コンピテンシーの定義と選択

　知識や技術の高度化が進み、知識集約産業で働く知識労働者が増加するという知識基盤社会について、前章では述べた。そうした社会における特質として、知識の共有化や移転、学習組織が重要な意味を持つこと、そして、教育の重要性がさらに高まることを指摘した。こうした20世紀後半の急激な産業変化に対応して、国際機関であるOECDは、1990年代に脳科学の研究など学習社会のナレッジ・マネジメントや知識の高度化に対応する研究を進めると同時に、各国の教育政策に寄与するため、新たに国際的な教育調査の実施や教育政策の展開を試みた。

　その1つの事業に、各国の教育政策における知の共有化を図ろうとしたデセコプロジェクトがある。デセコ、つまり、コンピテンシーの定義と選択（Definition and Selection of Competencies、DeSeCo）と呼ばれるこの事業では、特に、20世紀後半において、企業社会で展開されはじめた新たな能力概念、コンピテンシーに注目し、各国の教育において育成が重視されている知識や技能がどのようなものであり、教育と産業社会を結ぶ重要なコンピテンシーが何かを探ることを目的とした。

　このプロジェクトは、1997年に企画が始まり、教育学だけではなく、哲学から経済、政治、人類学など多彩な学問領域の専門家に加えて、12か国の政策担当者、そして労働組合から企業の担当者、国際機関など社会の多くの分野の専門家が協働して、コンピテンシーの検討が進められた。さらに、12か国の間の協議過程を通じて、各国からそれぞれの教育で重視されているコンピテンシーに関する報告が集められ、最も重要なコンピテンシーが何か、その共通価値は何かが協議された。1999年から2回のシ

第2章　キー・コンピテンシーとは何か

ンポジウムを通じて理論と概念の検討が行われ、重要なキー・コンピテンシーの定義と選択を行い、2002年に終了した。

図3　OECDデセコプロジェクト（1999〜2002年）

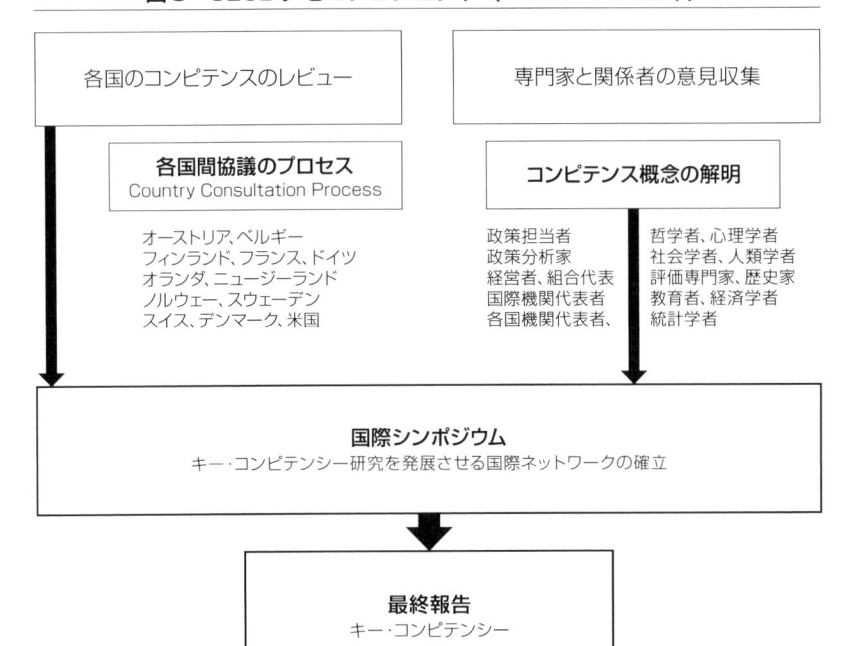

```
┌─────────────────────────┐   ┌─────────────────────────┐
│  各国のコンピテンスのレビュー  │   │  専門家と関係者の意見収集    │
└───────────┬─────────────┘   └───────────┬─────────────┘
            │   ┌───────────────────┐     │   ┌──────────────────┐
            │   │ 各国間協議のプロセス  │     │   │ コンピテンス概念の解明 │
            │   │Country Consultation│     │   │                  │
            │   │      Process       │     │   └──────────────────┘
            │   └───────────────────┘     │
            │   オーストリア、ベルギー          │   政策担当者    哲学者、心理学者
            │   フィンランド、フランス、ドイツ    │   政策分析家    社会学者、人類学者
            │   オランダ、ニュージーランド       │   経営者、組合代表 評価専門家、歴史家
            │   ノルウェー、スウェーデン         │   国際機関代表者  教育者、経済学者
            │   スイス、デンマーク、米国         │   各国機関代表者、統計学者
            ▼                               ▼
┌─────────────────────────────────────────────────────────┐
│                     国際シンポジウム                        │
│       キー・コンピテンシー研究を発展させる国際ネットワークの確立      │
└─────────────────────────┬───────────────────────────────┘
                          ▼
                ┌──────────────────┐
                │      最終報告      │
                │   キー・コンピテンシー  │
                └──────────────────┘
```

　ユネスコの「万人のための教育宣言」（1990年）によれば、教育は、個人が「生き残り、能力を全面的に開花させ、尊厳を持って生活や仕事を行い、開発に全面的に参加し、自らの生活の質を改善し、情報に基づく決定を行い、学習を継続することを支援すべきもの」と定めている。デセコプロジェクトの目的はこの理念に従い、技術が急速に継続的に変化し、多様な文化や集団との多くの交流が生じ、グローバル化の進む世界の中で、国際的に共通する鍵となる力（キー・コンピテンシー）を確定し、評価と指標の枠組みを開発することにあった。

1.2 定義と選択の視点

　デセコプロジェクトの基本的な問いは次の2つである。第一に、読み、書き、計算能力と別に、知識や技能以上のどんなコンピテンシーが、個人を人生の成功や責任ある人生へと導き、社会の挑戦に対応できるようにするのか。なかでも、社会、経済、政治や家庭、あるいは個人の人間関係や成長を含めた生活のいろいろな領域に参加し、人生を成功に導く重要な能力のセットというものがあるのか。もしあるとすれば、その中でも重要な鍵となる概念、キー・コンピテンシーをどのように理論的に正当化し、開発し、育み、評価できるか。第二に、社会的・文化的な条件、あるいは年齢や性、階層、専門的活動などと関係なく、どの程度キー・コンピテンシーは普遍性を持つか。国ごとに、地域ごとに妥当性を持つか。どんな状況や場所で、若い時、職場に入る時、家族を作る時、昇進する時、引退する時など生涯の各段階でどんなコンピテンシーが重要となるか。生活領域に応じた能力の集合体としてのキー・コンピテンシーをどう定義し、どのような状況や場所でどのようなキー・コンピテンシーを選択していけばよいかの選択の問題である。

　このプロジェクトでは、コンピテンスを「学習への意欲や関心から行動や行為に至るまでの広く深い能力、人の根源的な特性」と定義し、特にキー・コンピテンシーとは、「人が特定の状況の中で（技能や態度を含む）心理社会的な資源を引き出し、動員して、より複雑な需要に応じる能力」と定義した。

　コンピテンスという考え方は、ホリスティックな（総合的な）概念であり、理性と感情が生命上関連しあっているという考え方から生まれている。また、個々人のコンピテンスは、動機づけから態度や技能、知識とその活用に至る要素からなる資源を複雑な状況でも適切に活用する能力を含む。コンピテンシーはコンピテンスの集合的な概念である。

専門家や各国から提出されたコンピテンシーの概念を整理し、その定義と選択を行うにあたっては、大きく2つの視点がとられた。

1つは、個人のニーズであり、もう1つは、社会のニーズである。個人にとって、そのコンピテンシーが人生の成功や幸福をもたらす力になるか、また、社会にとってそのコンピテンシーを個人に形成することが、社会の持続可能な発展をもたらすかという視点である。前者では、個人の健康と安全、人間関係、仕事と所得の向上、政治への参加が重要な目標とされ、後者では、環境維持や経済的生産性、社会的まとまりや公正と人権、民主的プロセスへの参加が重要な目標とされた。そのコンピテンシーの習得が、個人の幸福な人生をもたらすだけでなく、できる限り多くの人の社会的成功を通じて、社会そのものが持続的な発展につながるようなものが選択された。

1.3　3つのキー・コンピテンシー

その結果、3つのキー・コンピテンシーが選択された。相互作用的に道具を用いる力、自律的に活動する力、社会的に異質な集団で交流する力の3つである。そして、各コンピテンシーの核心として提起されたのが、省察（反省性、reflectiveness）の力、つまりふりかえって深く考える力である。3つのコンピテンシーは別々に機能するのではなく、各コンピテンシーは他のものの基礎となり、深い関連を持つ。さらに、各コンピテンシーのもとには、サブコンピテンシーがそれぞれ3つあり、次のように計9つのコンピテンシーが選択されている。

1. **相互作用的に道具を用いる力**
    A. 言語、記号、テクストを相互作用的に用いる力
    B. 知識や情報を相互作用的に用いる力
    C. 技術を相互作用的に用いる力

2. 自律的に活動する力
　A. 大きな展望の中で活動する力
　B. 人生計画や個人的活動を設計し実行する力
　C. 自らの権利、利害、限界やニーズを表明する力

3. 異質な集団で交流する力
　A. 他者と良好な関係を作る力
　B. 協力する力
　C. 争いを処理し、解決する力

　以上のうち、「1.A. 言語、記号、テクストを相互作用的に用いる力」「1.B. 知識や情報を相互作用的に用いる力」「1.C. 技術を相互作用的に用いる力」は、それぞれPISAにおいて、読解力、数学力、科学的思考力、ICT能力として、PIAACでは、読解力や数的思考力、ICTを用いた問題解決能力として、測定が行われており、今後は、その他のコンピテンシーについても調査が行われていく予定となっている。

図4　3つのキー・コンピテンシー

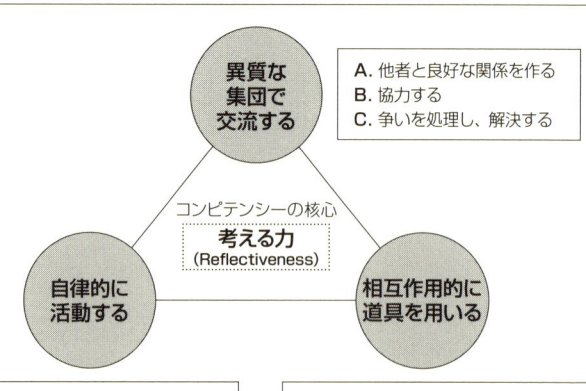

異質な集団で交流する
　A. 他者と良好な関係を作る
　B. 協力する
　C. 争いを処理し、解決する

コンピテンシーの核心
考える力
(Reflectiveness)

自律的に活動する
　A. 大きな展望の中で活動する
　B. 人生計画や個人的活動を設計し実行する
　C. 自らの権利、利害、限界やニーズを表明する

相互作用的に道具を用いる
　A. 言語、記号、テクストを相互作用的に用いる
　B. 知識や情報を相互作用的に用いる
　C. 技術を相互作用的に用いる

こうした3つのカテゴリーのコンピテンシーは、

- 個人の形成（自律的な活動力）
- 自らが関わる社会の形成（人間関係力）
- その2つを支える道具を相互作用的に用いる力（道具活用力）

により成り立っていることがわかる。そしてこれらのコンピテンシーの中心に、省察（reflectiveness：個人による人生への思慮深いアプローチ、反省性）が据えられている。

　もともと、コンピテンスとは、複雑な需要に応じる能力であったから、その核となる概念に人生への思慮深さ、ふりかえって考える力（反省性）が置かれるのは当然のことである。考える力を中心として、自律的に活動し、人間関係を作り、そのために道具を活用して成果を生むのがキー・コンピテンシーというわけである。

第2節　キー・コンピテンシーの核心

2.1　コンピテンスの意味

　時代と社会が大きく変わってきていること、そして、その社会変化に応じて人間が必要な力も変化してきていること、欧米が変化に応じてキー・コンピテンシーという新しい能力概念を教育の中心的理念としていきつつあることをこれまで述べた。しかし、いろいろな講演の機会に筆者が受ける質問や近年の教育評論では、こうした変化を「外圧」ととらえ、日本がこうした変化に応じる必要がないという意見も返ってくる。また、あまりに成果や能力を重視することは、学力格差や業績格差を生む可能性もあるという意見もある。

だが、平成8(1996)年の中央教育審議会答申で提案された教育理念「生きる力」は、何も外圧の結果生まれてきたわけではない。むしろ、その理念の中でも教育改革の必要性が提案されており、「生きる力」の理念がキー・コンピテンシーの考え方と類似しているのは偶然ではないだろう。

また、一方で企業社会では、学校教育を終えた青年たちの採用においても、資質能力やコンピテンシーを人材の基準にする企業が増えている。現代の企業社会では、仕事ができる人とできない人の差異を調べて、実力のある人の特性をコンピテンシーの高い人と呼んでいる。この傾向は、1970年代に心理学者デビッド・マクレランドが提唱したコンピテンスの概念に基づき導入されているコンピテンシー・モデルが基礎となっている（スペンサー、2001）。

マクレランドの研究は、高い業績を持つ人をみると、旧来の学問的テストや学校の成績、資格証明書と、仕事の業績や人生の成功とにはあまり関係がみられないという点にあり、そうした評価がマイノリティや女性、低い社会階層に不利をもたらしているというものであった。そこで、こうした評価の視点ではなく、職務上の業績を予測でき、社会経済的要因によって不利をもたらさないような能力観として、コンピテンシーを発見しようとしたのである。彼の結果から、業績の高い人に、次のような行動特性がみられた。

1) 異文化での対人関係の感受性が優れている。外国文化を持つ人々の発言や真意を聞き取り、その人たちの行動を考える力を備える。
2) 他の人たちに前向きの期待を抱く。他の人たちにも基本的な尊厳と価値を認め、人間性を尊重する。
3) 人とのつながりを作るのがうまい。人と人との影響関係をよく知り、行動する。

ただ、彼の研究はその後、職務別のコンピテンシー研究と職務別の評価研究に向かった。彼の方法を継続したスペンサーは、コンピテンシーの特性を、動機づけ、行動特性、自己イメージ、知識とスキルの5つからとらえ、前の3つが目に見えない潜在的な特性、後の2つが目に見える顕在的特性として、コンピテンシーの氷山モデルを考えた（スペンサー、2001）。

　図5は、その動機や特性がスキルを含めて行動につながり、成果を生むという関係を示している。ここに、デセコは、特に複雑な社会で資源を活用する力の重要性を強調したのである。

　しかし、職務別のコンピテンシーの基礎的能力概念、コンピテンスは、マクレランドより以前の1963年に精神分析学者ホワイトが理論的な提唱を行っている。ホワイトによれば、コンピテンスとは、「環境との相互作用に対応する力」である。彼は、「人が環境と効果的に相互作用したいという資質」をコンピテンスと定義した（ホワイト、1985）。

図5　コンピテンシーとは

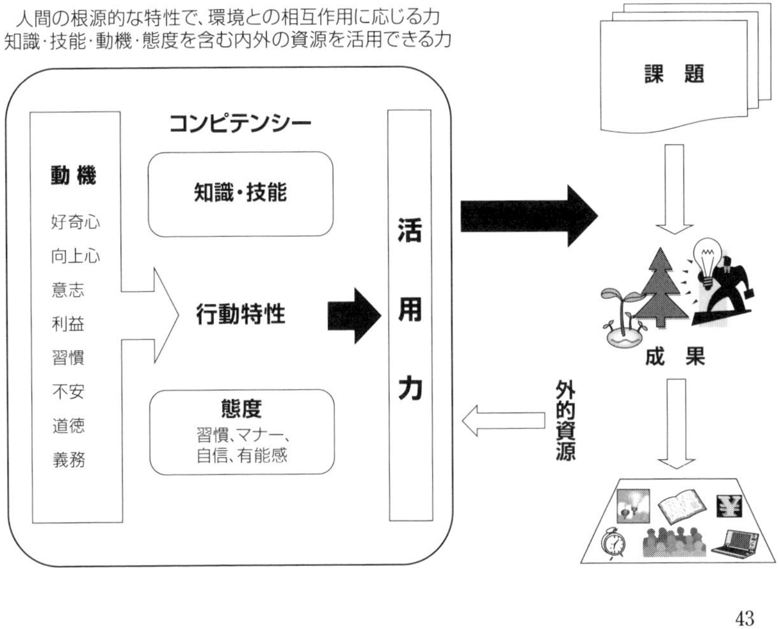

人間の根源的な特性で、環境との相互作用に応じる力
知識・技能・動機・態度を含む内外の資源を活用できる力

コンピテンシー
- 知識・技能
- 行動特性
- 態度（習慣、マナー、自信、有能感）

動機
- 好奇心
- 向上心
- 意志
- 利益
- 習慣
- 不安
- 道徳
- 義務

活用力 → 課題 → 成果 ← 外的資源

「我々はできることとできないことを学習し、前者に集中することによって満足を得る。」(同、54～55頁)

　自分が人や環境に効果的な影響を及ぼしている感覚（有能感）を持つ時、その人は大きな動機づけを得られる。この自己効用の感覚、有能感は、自分を信用する「自信」や、自分を尊敬する「自尊心」と深くつながっている。いろいろなことができることによって、人や社会のために自分が役に立つことを理解し、わかって、感じて、はじめて自分の存在や価値を信じ、自分を尊重する気持ちが生まれる。
　相互作用とは、人や社会との関わり、物との関わり、自然との関わりである。その「関わり」に心を向け、注意を払うことから、関心が始まる。関心を持って活動すると、それが遊びであれ、学びであれ、活動を通じた探索を通して、知的・情動的満足を得る。また、そうした相互作用的な活動自体から、自然や他のものに自分が影響を及ぼすという効力感、自己効力や自己の有能感が生まれる。人や道具との相互作用性をキー・コンピテンシーが重視するのには、それが有能感や自尊心、自信を生み、多様なコンピテンシーを高める活動につながるからである。

2.2　考える力が核心

　「人が環境と効果的に相互作用したいという資質」、人や社会と効果的に相互作用する、人や社会のために役立ちたいという資質がコンピテンスであり、職業ごとに優れた能力を発揮する人の資質をコンピテンシーとすれば、教師の場合は、教える力が重要となる。
　一方、キー・コンピテンシーの核には、考える力があるとされる。この考える力を伸ばすことが、教える力とどう関わるのだろうか。哲学者ライルの論文、「考えることと自分に教えること」を参考にして、その関係をみていきたい（ライル、1997）。

まず、生徒が学び考える活動と、その活動を指導し、支えるために、教師が教え考える活動は別のものとしてとらえる必要がある。その際にも、生徒が学ぶのは、単に知識や技能を再生するためだけではなく（再生できるようになることも重要）、生徒自身が自分で考える力を持つようになるためでもある。「考えるということは自分で考えるということ、すなわち、ある問題や課題、困難に対して、どれほどいいかげんで自分のない試みであれ、自分で試みるということである」。つまり、「考えることは自分の受けた教育の間隙を埋め合わせようとする試み」となる。

　一方、生徒が学ぶ力とは、単なる知識や技能を学ぶことだけではなく、人や物事への関心の強さや好き嫌いといった特性の向上に始まり、問いの立て方、読み、聞き、見る力といった知識や情報の吸収力、そして、書き、話し、描き、ふるまうといった表現力、さらに、学んだことを記憶し、人に伝え、知恵として人に教える知識や技能を持つにいたるまでのものであろう。

　その際に、生徒が自分の知らない道を教師が導き、最後は生徒自身により独力で歩ませるようにすることが、教師の教える活動であろう。そこではまず問題を教師自身が考えながら、生徒が考えるために必要な教育的質問、ヒント、教材を工夫する努力が要求される。

　つまり教師が考える力とは、生徒に達成させたい課題について、まず教師自身が自分の教育力不足を解決するために必要な力であろう。実際の教師養成課程では、実際の教育現場の必要や変化に応じたすべてのことが教えられるわけではない。教師自身もまた大学では学ばなかったことについて、職場の実践の中で、自問自答を繰り返しながら自身の力で考える必要が生まれる。その力を発揮する上で、3つのキー・コンピテンシーは大きな助けとなる。

　そこで、ここまでに述べてきたデセコのキー・コンピテンシーを、以降の章では次の3つに修正し、わかりやすい表現を用いることにする。まず、自律的に活動する力を「自己啓発力」（展望力、物語力、表現力）と

して、異質な集団で交流する力を「人間関係力」（対話力、協働力、問題解決力）として、道具を相互作用的に用いる力を「道具活用力」（言葉の力、科学的思考力、テクノロジー）と短い言葉に変え、この順に教師の人間力向上への工夫を考えていくことにしよう。

第Ⅱ部

自己啓発力
――自律的に活動する力――

第3章

展望力
──ビジョンを持つ──

第Ⅱ部　自己啓発力 ──自律的に活動する力──

第1節　ビジョンを持つ

　自己啓発力の第一歩は、世界に対する自分の視点を持つことである。世界や時代への自分なりの視点を持ち、状況に応じて、その「視点を変える」ことによって、自分が囚われていた思い込みから解放され、いっそう大きく広い視点で世界を見直すことができる。
　写真にたとえれば、図6に示したように、レンズとフレームが変わればビジョンが変わるということである。また、レンズ（ものを見る装置）やフレーム（考えの枠組み）を変えることでいろいろな視点から新しい事実を発見していくことができる。

図6　レンズ・フレーム・ビジョン

フレームとレンズが変わるとビジョンが変わる

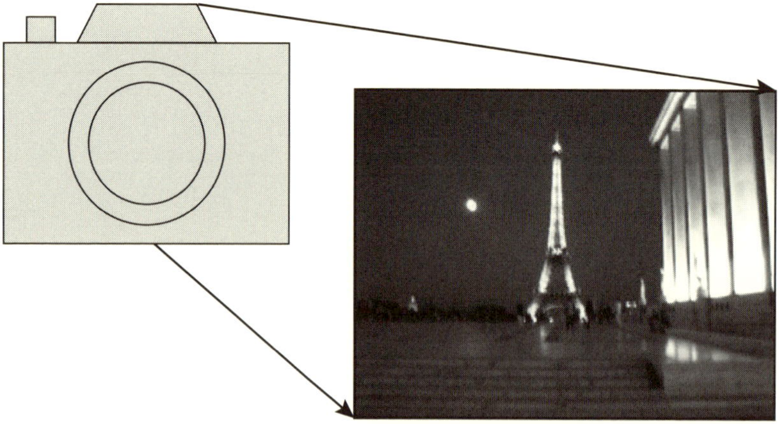

　レンズが、拡大鏡か接写レンズかによっても見える世界が変わる。特定の生徒の顔にしかピントが合わせられないようなレンズだとえこひいきが

第3章 展望力──ビジョンを持つ──

生まれる。メディア・リテラシーのレンズやジェンダー・フリーのレンズを使うと、新聞やテレビの内容も異なって見える。

　フレームとは、私たちがいろいろなものを考える時の枠組みである。たとえば、図7に示したように、構造的な枠組み、階層的な枠組みや時間、概念的な枠組みで私たちはものを考えている。こうした枠組みで、生活への視点を変えるといろいろな視点から、現実の生活をとらえることができる。普段は、自宅と職場を往復しているだけの日常生活（点から点へ）から、地域生活（点から面へ）に目を向けたり、面からより広い時空間の国際的視点や歴史的視点を持つことで、自分が行うべき行動も変わる。

図7　代表的な思考の枠組み

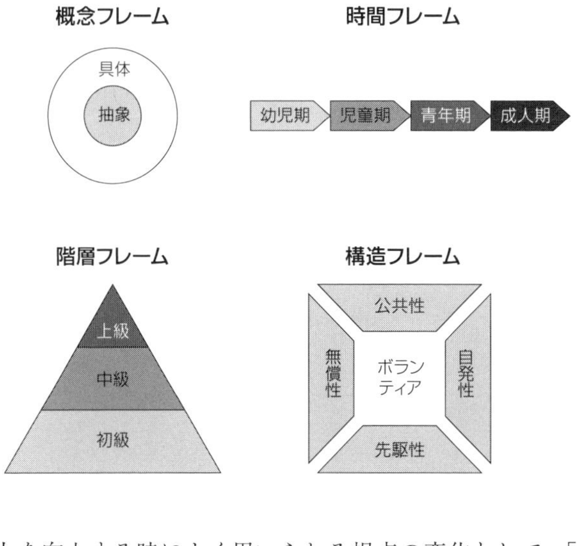

概念フレーム　　　　時間フレーム

具体／抽象　　　　幼児期→児童期→青年期→成人期

階層フレーム　　　　構造フレーム

上級／中級／初級　　公共性／無償性／ボランティア／自発性／先駆性

　市民の力を向上する時によく用いられる視点の変化として、「グローバルに考え、ローカルに行動する」というスローガンもここには含まれる。
　教師自身が自分の置かれている大きな社会的・歴史的文脈、その文脈の自分への影響と、社会における自らの立場を知ることは重要である。教育の場合、非常に長期的な効果を生む営みであることを考えれば、教師の行

第Ⅱ部 自己啓発力——自律的に活動する力——

動もまた、非常に長期的な影響を児童・生徒や社会に及ぼす。大きな展望の中で行動することは、教師に一貫した行動や教育力を育てていくことにつながる。

地域や職場などの特定の社会の中で、私たち教育者は、身近な状況を超えて、教育者の行動がもたらす長期的で間接的な影響を見通し、また自分の必要や利害を超えて、他者の立場や利害、感情を見通す視点を持つことが求められる。その時、展望する力は、多様な問題をグローバルなレベルで理解し、自分の役割と行動の結果をより広い文脈で（歴史的、文化的、あるいは環境的に）理解できるようにしてくれる。展望力はまた、教師として、公正で責任あるやり方での行動への視点を与えてくれる。その行動が、もし努力や犠牲を強いたり、感情的だったり、すぐに直接的な影響を与えられなくても、「長い目で見た結果」から考える視点を提供してくれる。

たとえば、そうした視点として、

1）制度的な視点なら、教育制度や学校の構造、文化、実践、ルール、教師への期待の理解から、教師の行動の社会的制約を知るとともに他方で教師としての権利や自由を知る。
2）社会的な視点なら、学校や地域社会の中での教師の社会的役割を知り、自らの行動がもたらす直接的・間接的な影響が他の教師や児童・生徒、保護者の行動とどう関係するかがわかってくる。
3）計画や評価の視点を持つと、一連の行動とその結果をつき合わせて考えたり、ルールや目標の多様な可能性を評価したり、学校や児童・生徒の観察を通して、学校計画からの変化を予想し、その行動の影響をコントロールしたり、年度の途中や授業の過程で結果への見通しや行動計画を再調整できる。

こうした展望力で重要なのが、自分に何ができるか、自分らしい教師、

第3章　展望力 ──ビジョンを持つ──

教育者らしい教師とは何かという、教師としての自己イメージ、自分へのビジョンである。そのイメージは、自分だけではなく児童・生徒や同僚の教師、そして管理職とともに相互的に形作られるが、まず自分自身が多くのモデルから理想のものを選択し、模倣し、行動して形作っていくことが重要だろう。

第2節　前向きのビジョンと気づき

2009年4月から筆者は、法政大学のキャリアデザイン学部で半年間、大学院の授業を担当した。最初の授業では、受講生の自己紹介の時間をとった。大学院が土曜日に開講されていることもあって、受講生の大半は社会人であり、高校の先生も2人いる。自己紹介のプログラムとして、最近のグッドニュースを語ってもらうが、お二人とも3月まで3年生を担当していて、生徒の大学合格が自分にとって最高のニュースでしたと喜んでおられた。生徒の成功や幸福が教師にとって最も嬉しいことなのだという話は、聞くたびに私自身も嬉しくなる。一方、失敗した生徒をどう励ますかは、逆に教師としての力が本当に問われる時だという。

「ビジョンを変える」というスキルを使うなら、失敗をマイナス方向へ向けるのでなく、プラスのビジョンとして「成功の素」に変えるよう、生徒に気づかせることが教師の役割になる。どこがどう悪かったか、どう直せばいいか、戦略の立て直しが必要となる。その時生徒自身にいろいろな世界へ通じる道があることを気づかせるには、「自分の言葉で語らせる」ことが大切になる。

「気づき」とは生徒のビジョンの変化であり、そのためには大きな時間の流れや世界の中で自分をとらえなおす視点を生徒に与えることが求められる。ここに、教育の本質があることを内田樹は、次のように述べる。

53

第Ⅱ部　自己啓発力 ──自律的に活動する力──

「教育の本質が『ここは違う時間の流れ、ここにいるのとは違う人たち』との回路を穿つことにあるからです。『外部』との通路を開くことだからです」「『今ここにあるもの』とは違うものに繋がること。それが教育というもののいちばん重要な機能なのです。」（内田、2008、40頁）

　通路が開けた時にさらに重要な点は、違うものとのつながりを実感し、人と共有する場の中でつながりを持ち続けることではなかろうか。そのような開いた場を持続する時間的要素が必要となる。時間の流れの中で行動するためには、計画やストーリーが求められる。

第4章

物語力
──道筋を作る──

第Ⅱ部　自己啓発力 ── 自律的に活動する力 ──

第1節　2つの物語力

　多様なビジョンを持つ力、すなわち展望力が空間的に世界を見る力だとすれば、特に時間を基準にして世界を見たり、行動する力が物語の力である。教育や学習は長期的な時間を要する営みだと前述したが、この物語る力を活用して、時間を自律的に使うことが第二の自己啓発力である。
　教師にとっての物語る力には、教育や学習の場で生徒にストーリーを「教材として活用する力」と、実際の人生や教育を計画したり、段取りする「人生の指針としての力」の2つの面がある。

第2節　教材としての物語

　物語の原初的な形態としては、各地に語り伝わる昔話や民話、神話があった。こうした物語には教訓を含んだものが多く、教育が制度化されていない時代の人々にとって重要な教材であった。物語は特に、人の生の声による「語り」によって人から人へと伝えられる時に大きな効果を生む。口頭だけで伝えられる物語（口承文芸）、世代にわたり伝えられたアメリカ・インディアンやアイヌの人々など各地の民族の物語は、口から発せられる言葉の魂を尊重しており、文字の文化とは別の声の文化があった。また、古い物語には先人たちの智恵が隠されているし、新たな物語にも昔の物語の原型が秘められつつ、新たなメッセージが含まれている。
　物語が子どもたちの教材として効果的な理由は、

1）実際のイメージが湧き、わかりやすい、
2）順序立った話として覚えやすい、

3) 順序に従う成熟の時間の必要、
4) 手順に従う行動という手続きの大切さ、
5) 出来事が順に起こることで経験が積み重ねられる。

そしてその出来事が物語として、

6) 子どもたちの生活経験と結びつき、大きな親近感を生む、

からである。つまり、物語が教材として効果的な理由の背景には、次のような教育的効果があることがわかる。

1. わかりやすさ

「わかる」という行為には、感覚的に、経験的に、論理的にわかるなど多様な面がある。そこに共通するのは、いずれも自分たちの日常生活の中で生活経験として慣れ親しんでいる言葉や事物が、どれだけその物語に現れるかという点である。物語をいっそうわかりやすいものにするには、抽象的概念よりも日常生活で用いる現物や身近な例を取り上げ、具体的な概念として日常用語を用いる方がいい。単に「花」というよりも、「タンポポ」や「さくら」といった方が印象的な記憶になって残る。

2. 覚えやすさ

記憶を知識として定着させるには、読んだり聞いたりするだけでなく、見たりさわったりと五感をフルに活用すること、字や音に加えてジェスチャーや絵、イメージが加わるとよい。また、関連した内容を用いるのも効果的だし、同じ事柄を繰り返して話したり、見せることが大切である。繰り返しは身体の記憶となり、一定の時間内で手順を踏み、よく似た経験や出来事を重ねることがさらに相乗的な効果をもたらす。記憶は脳だけで行われるのではなく、目や口、手足にもそれ

ぞれの記憶がある。百人一首のカルタ取りで短歌を覚えたり、歴史的施設の訪問でそこに生きた人々の生活を感じれば、記憶に長く残っていく。

3. 熟成する時間の取り方

優れた話し手、徳川夢声は、その著書『話術』の中で話術の極意が「間」にあるという。話と話の間をどのような時間感覚でつないで時間をうまくとるかが、話を面白くするコツだという。話の経験を積むことが自分なりの「間」の感覚を作り出す。あっという間に学んだことは、あっという間に忘れるが、長時間の経験は、長期記憶に浸透していく。かといって長ければいいというものではなく、知識やスキルの習得には、その学習内容に適した時間がある。

4. 手続きを踏む

教える内容を決める時は、スコープ（どの範囲まで）とシークェンス（どのような手順で）の決定が重要である。「学習は一歩ずつ」というように、次の一歩の前に、前の一歩をふりかえりながら、次の段階へ移ることが大切である。物語でも、1つの出来事の前には、伏線となり原因となる出来事が必要であり、突然起こる事故や天災のような場合でも、その前段階を説明することが聞き手の理解を得るには重要となる。また、その一歩の歩み出しが難しい時には、足場を作ること、ヒントをもらうことで手が届くようになる。

5. 経験を積む

教育や学習場面でのこうした手続きには、手順（procedure）とプロセス（process）の2つの意味がある。手順は、結果を得るために実行される一連の「作業」に焦点があり、前もっての判断や予想される結果に至る「動作」を含む。順序よく起こる動作がその内容である。プロセスは、経過に伴い生じる一連の「出来事」を示し、明確な目的や結果に至るまでに起こる出来事や経験を含む。そのプロセスを経験するために、事実や出来事が積み重なっていくことになる。

6. 生活経験との結びつき

　想像力には、物語と私たちの生活経験を結びつける働きがある。厚東洋輔は、社会的認識が形作られる過程を物語論の視点からとらえ、人の「生活世界」が物語るという行為を通じてどのように構成されるかを考えた。社会認識の良きモデルとなるものは生活世界と名付けられ、生きられた経験の全体から、その生きられた経験を人が物語るとき、明確な形を持った生活世界が生成される（厚東、1991、258頁）。

　生活世界の生成は、人が経験の中から特定の言葉や行為、エピソード（一連の出来事）を選び出し、特定の秩序を持って「物語る」ことから行われる。

　日常の出来事から言葉や行為が選択され、物語られる例に小説の筋や物語がある。物語はエピソードから成り立ち、それぞれに発端や中間、結末という流れを持つ。こうして、主人公が試練（受苦）や探求（発見的認知）から、闘争を経験し、真実を探究するというエピソードに、私たちは大きな感動を受け、人間としての成長を物語の主人公やキャラクターの中に見いだしていくのである。

第3節　物語の選択

　物語を活用する際には、いろいろな種類の物語がある中からどのような物語を選択すればいいか、に注意することが大切である。物語には、古典からファンタジーまでいろいろなものがある。特に、近年、小学校の高学年から中学生にかけて他の仲間との関係が深まる時期に、マスメディア、映画やテレビドラマ、アニメやゲームの大きな影響が確かめられている。国立教育政策研究所の読書教育調査の結果から、最近読んでいる本や漫画

を見ると、『バッテリー』や『ハリー・ポッター』などの主人公が成長する本がある一方で、『銀魂』や『家庭教師ヒットマンREBORN!』など息抜きのギャグマンガでゲーム感覚があり、現実逃避的なものも多い（国立教育政策研究所、2010a）。ただ、そんな内容にも主人公の成長過程があり、共感をもたらしてくれるからこそ、子どもたちは惹きつけられるのだろう。一方、中学生ともなると、大人が読む作品もしっかりと読み、理解ができるようになってくる。

「教科書を大嫌いな子供が、より分厚く難しい物語を面白いと感ずるならば、それはその物語の内容が子供にとって自分の生活と何らかのつながりをもっていると感ぜられるからでしょう。つまらないとみえる教科書の内容が実は自分の生活と無縁なものではないということを子供に気付かせること、すなわち個々の木を見せることから森を理解させること、いかに困難な仕事であれ、これが教師の仕事だと思います。そして、そのことに成功するならば―その証拠は子供が学ぶことを面白いと感ずることです―子供は自発的に生き生きと学ぶことをはじめるでしょう。」（喜多村、1995、173頁）

第4節　人生の指針としての物語

　生活経験や生活の安定性は、私たちのアイデンティティや自尊感情を生む。その安定性がいろいろな要因によって変化を生むことも多い。私たちが自分たち個々の人生の流れを、人生に意味と目的を与える組織された物語としてとらえるなら、それぞれの人にはそれぞれの人の物語がある。教師自身の物語は、個々の生徒の物語にも関わるし、そうした小さな物語は、地域や世界の大きな物語の中でも動いている。
　ただ、人は世界や地域、他者の物語に振り回されるだけの存在ではない。

第4章 物語力──道筋を作る──

「人間をたんに『生存』するだけの存在と考えることはできない。人間は歴史的・文化的・社会的に『実存』する存在なのだ。自らの道をつくり、その道におのれを曝し、引き渡しながらも、同時にその道をつくりかえ、自らをもつくりかえていく存在なのだ。」(フレイレ、2001、136頁)

私たちが人生の目標や夢、仕事の義務や果たすべき社会的役割を持つ時、目的の達成と実現のためにも、自分の人生計画や事業計画を、他者や組織、社会の計画と調整しつつ作る必要がある。

図8 Story（小さな物語～大きな物語）

| 児童や生徒の物語（人生） |
| 児童や生徒の物語（人生） |
| 家族(定位)の物語　家族(結婚後)の物語 |
| (教師)個人の物語（人生） |
| 学校の歴史(現在～未来) |
| 地域の歴史(現在～未来) |
| 世界の歴史(現在～未来) |

ところが、若い時代にはこうした人生計画や事業計画の作成は意外と難しい。図9は、20代から50代の成人400名を対象とした読書活動調査から、人生計画を作ったり、事業計画を立てることができるかを尋ねた結果だが、高い年齢層ほどできるという回答率が高くなっている。30代には人生計画を作ることができるという回答率が下がっているが、その原因に

第Ⅱ部　自己啓発力 ——自律的に活動する力——

は、結婚や転職など大きな転機があるためと推測される。

　公立学校の多くの教師は公務員であり、企業従業員よりも比較的安定したキャリアが見込める。近年は現場教員の教育力を見込む大学への採用が行われるなど他の教育職や研究職につく可能性もある。しかし、他方で、少子高齢化の中で学校統合が行われてポストの数が減少する可能性もあったり、学校自体が大変多忙でストレスの多い職場となって健康上の理由で退職を余儀なくされるということもある。そのため、自分が思うようなキャリアが達成できるとは限らない。

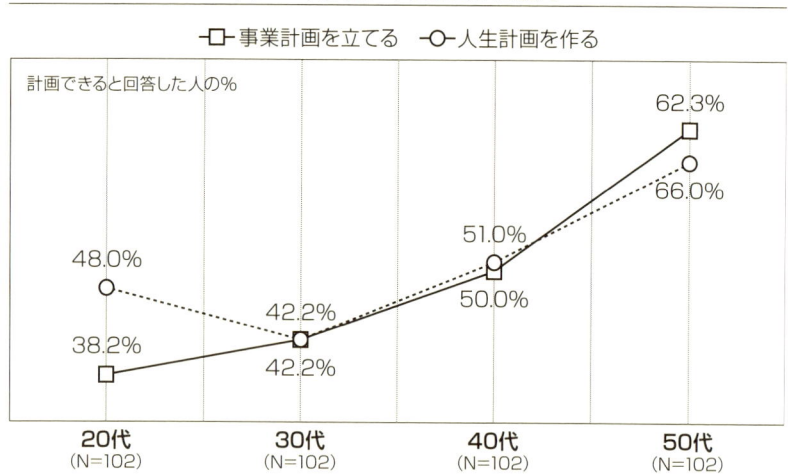

図9　年齢別にみた計画作成能力

年齢	事業計画を立てる	人生計画を作る
20代 (N=102)	38.2%	48.0%
30代 (N=102)	42.2%	42.2%
40代 (N=102)	50.0%	51.0%
50代 (N=102)	62.3%	66.0%

出所：言語力の向上をめざす生涯にわたる読書教育に関する調査研究（2009）より

　教師自身もまた、自分の地位や役割と、個人的能力や関心との適合性を図り、新しい職務のスキル獲得に必要な学習時間を確保することが求められる。学校の教育現場では、毎日の授業計画から年間の学校計画にいたるまで、いろいろな計画を立てる必要がある。その時、計画作成に必要な項目は次のようなものだろう。

第4章 物語力 ——道筋を作る——

- 計画の概要（過去の反省と将来の成果）
- 目標と足場（目標の決定と足場作り）
- 資源（時間、費用、人など活用できる資源と実現可能性）
- 毎日（年間）の行動の優先順位
- 手段の選択（計画を実現する適切な手段）
- 進展に応じた調整と進歩のチェック

こうした項目を埋めながら、「未定」の目標を計画「予定」に変え、「決定」して実行するのが段取り上手な教師である。特にこうした学校の計画は、学校だけで決められるとは限らない。教育委員会の計画、地域の計画、国の計画の中での調整が必要となってくる。同様に、自分の人生計画も、子どもやパートナーの計画、親の介護など、他の人々がどのような計画を持っているかによっても左右される。そうした計画を早めに立て、問題が生じたら、すぐに変更できるような調整も必要となってくる。

第5節　計画を支える自己管理

　教師の物語る力は、教材の開発だけでなく、学校では、学年カリキュラムに従い、年間・週間の指導計画、そして毎日の授業計画から、学校行事を含めたプランニングの過程で重要な力を発揮する。また同時に、自身の学習・業務計画の作成にも必要な力である。教師個人の専門職としての学習計画もまた、各学年の指導や授業の計画を念頭に置きながら考えていく必要がある。
　この職場の多様な計画のプロセスを学習のプロセスとして考えると、計画のふりかえり（省察）、そしてさらに実践を通じてのふりかえり、そして学んだ教訓の文書化を通して、自分の経験（暗黙知）を他の人と共有できるように目に見えるもの（形式知）としていくことは、専門家としての

自己管理と呼ばれている。

　図10は専門家としての自己管理のプロセスを示したものである。まず、割り当てられた職務や課題を計画的に実践するにあたって、必要な学習計画が何かを明確にする。その計画を実現するために、他者への質問や自己への問いかけを通じて得られる知識や手持ちの資源から計画を実践に移していく。実践の後、他者の視点を取り入れ、自分との対話を通じて内省を行う。内省した内容を目に見える形式知として文書化する。文書化は、自分が持っていて人には見えない暗黙知を、人にも読める形式に移す形式化の作業の一種である。

図10　職場の学習プロセス

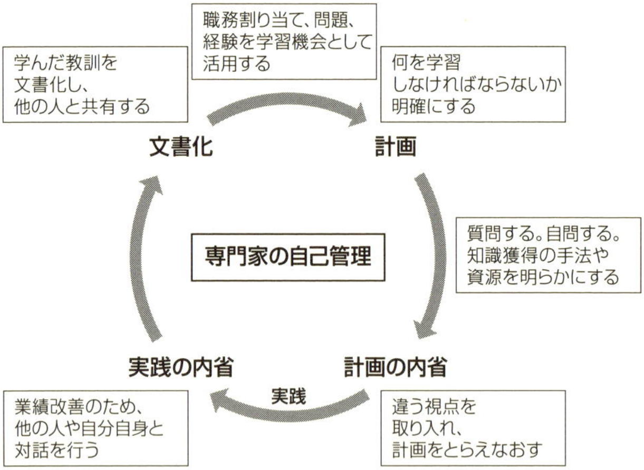

```
        職務割り当て、問題、
        経験を学習機会として
        活用する
学んだ教訓を                    何を学習
文書化し、                      しなければならないか
他の人と共有する                 明確にする

    文書化　　　　　　　　　計画

                                    質問する。自問する。
          専門家の自己管理           知識獲得の手法や
                                    資源を明らかにする

    実践の内省　　　　　　　計画の内省
                実践
業績改善のため、                違う視点を
他の人や自分自身と              取り入れ、
対話を行う                      計画をとらえなおす
```

出所：ワトキンスら（1995）『学習する組織をつくるMAM』57頁より修正

　実際、計画を自己管理していく力は、各国のキー・コンピテンシーのリストにも多くみられる。自己管理（自ら学習し、仕事をする力）は、フィンランドでは「いかに新しい任務に取り組めるかを評価する能力」や「自らのスキル、および学習プロセスと結果を評価し、分析すること」として、ドイツでは「自己主導的学習」、ノルウェーでは「自らの仕事と学習

プロセスを計画し、組織する能力」、そしてアメリカ合衆国では、「教師のコンピテンシー」として、標準的な評価の対象ともなっている。

アメリカ合衆国のCAATモデル（Competency Assessment Aligned with Teacher Standards、教師の標準的なコンピテンシー評価）と呼ばれるこの評価では、まず、計画を実施するための学校や教室の状況の観察と定義から始まる。その状況を踏まえた上で、国や州、学校の教育標準に沿って学校や授業の計画を作成する。さらに、その計画を実施するために必要な業務一覧表を作成する。そして、ここが重要なのだが、計画の実施過程において、できる限り客観化でき、根拠として提出できるような授業や教育資料の作成をする。そうして得られた根拠に基づく教育活動が、他の教師や学校での共通の財産となり、有効活用が図られるように工夫されている。

図11　CAATモデル

- Step1　目標、活用、計画、評価内容や状況の定義
- Step2　標準に照らした妥当な計画の開発
- Step3　計画に沿った業務一覧の作成と更新
- Step4　客観化できる資料の収集・作成
- Step5　資料の信頼性や有効活用の確保

出所：Wilkerson（2007）

このように、計画や物語ができる限り目に見えるような形で資料となり、客観的な根拠とすることが知識社会では重要である。そのために教師に求められる力が、高度でありながら、わかりやすい表現力である。

第5章

表現力
――個性を磨く――

第Ⅱ部　自己啓発力 ──自律的に活動する力──

第1節　生きるために必要な表現力

　展望力、物語力に次いで、教師に求められる自己啓発力は、自分が持つ視点（展望）、計画（物語）をどのように表現し、人に伝えていくかという表現力である。デセコが提言したキー・コンピテンシーでは、これを「自らの権利、利益、限界、ニーズ、責任を知り、主張・表現する」力としている。教師には、人間としてのこうした基礎的な表現力と同時に、教育者としての専門的な表現力も求められる。

　まず、基礎的な表現力が必要な理由だが、私たちがこの複雑な現代社会で生きようとする時、自分の権利、利益、ニーズが絶えず他者のものと対立する可能性があること、そして、私たちは市民として、あるいは家族として重要な決定や役割の中で多くの責任に直面するようになっていること、同時に、そうした対立や決定、役割を決める社会のルールがますます複雑になってきているからである。そのために、自分の権利や利益を考え、自分の責任を果たしたり、何か重要な決定を行いながら、一人の人間として生きていくためにも、自らの利益、権利、限界、ニーズを常に守らなければならない。

　一人の人間として生きる権利の保障、たとえば賃金の保障であり、適切な健康生活、そして学習機会の保障が必要とされる一方、積極的に組織との一員として地域や学校の決定に能動的に参加していくことが求められている。

　こうした権利や責任、決定を実践していくためには、日常的な対話の力から、高度な制度的・法的問題の知識や事務的な文書の作成スキルにいたるまでの表現力が必要となってくる。家族として、専門的な職業人として、地域の住民として生きるために、他の家族や多くの職業人との対応にあたり、公的にも私的にも基本的な表現力を身につける必要がある。

学校卒業後も日々、法律やルール、そして制度は変化している。私たちの権利やニーズ、利益が何かを詳しく知り、欠陥がある時には積極的に主張し、自分を守る行動は、個人に任されている。自分が人間として当然だと考える行動が当該社会の限界を超える時、時には社会的な制裁が下されることもある。しかし、それでもなお、私たちには、人間として生きるための基本的な権利や集団としての権利を主張し、社会人としての責任を果たすために、自らの人生を自分でコントロールできる力としての表現力が必要とされるのである。

教師にも、学校をめぐる厳しい状況の中で、専門家としての責任を果たしながら、自らの権利を守り主張することが、自律した行動の根底に位置づく基本的な人間的姿勢として求められる。

第2節 専門的教育者としての表現力

教師には多くのことが求められるが、一方で自分ができることの限界と役割を知ること、そして役割に伴う責任を人に示すことが重要だろう。自己の責任と役割をどのように人に示すか、である。たとえば、守谷雄司は、仕事の6つの責任をあげているが（守谷、2007、73頁）、それはまた教師にもあてはまる。6つの責任とは、次のようなものである。

- 上司の指示・命令を受ける責任
- 仕事を正しく、速く、期限を守って効率的に行う責任
- よくない事実（悪い事実）をただちに報告する責任
- チームの一員として協力しあう責任
- ルール尊重と守秘の責任
- 生徒に学ぶ喜びをもたらし成果を上げる責任

第Ⅱ部　自己啓発力──自律的に活動する力──

　この一覧からは、教師もまた組織人であり、組織人としての責任を明確に表現することの重要性が示されている。さらに、教育者としてその表現力の向上を図るために、ここでは次の2点を紹介したい。

　第一は、道具を活用した表現力である。道具活用力は後続の章で詳述するが、すべての教科に共通して活用されるものに、黒板やコンピュータ、テレビや本などの教育メディアがある。多様なメディアを活用できる状況の中でまずメディアのリテラシーを教師自身が学ぶ必要がある。それは、単なる道具の操作力だけではなく、メディアを分析し、操作し、創造するという学習のプロセスの中で、児童や生徒の知識やスキル、そして考える習慣をつける力である（図12）。このリテラシーは、知識やスキルを分析・再現し、関連づけ、解読し、熟考・評価するという教科のコンピテンシーを教えるために重要となる。

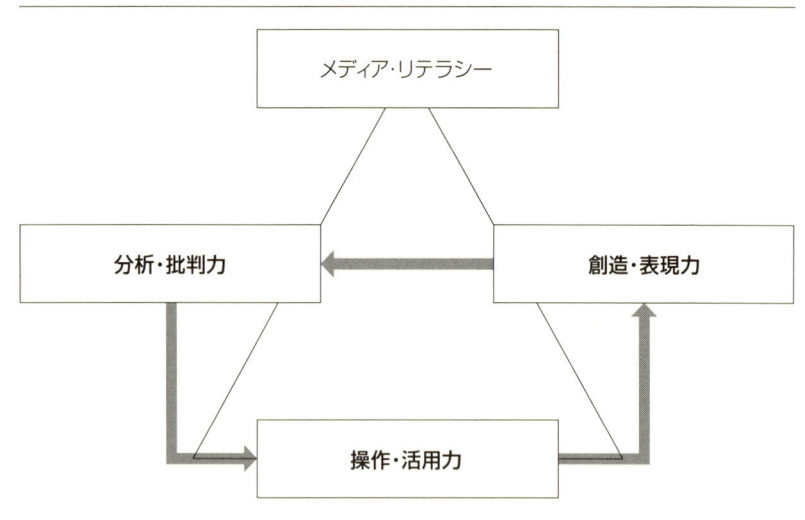

図12　教師のメディア・リテラシー

```
              メディア・リテラシー
                   ／＼
                  ／　＼
                 ／　　＼
          分析・批判力 ← 創造・表現力
                 ＼　　／
                  ＼　／
                   ＼／
                 操作・活用力
```

　しかし、メディアが利用できなければ表現ができないようでは、本当の専門家とはいえない。資源の乏しい教育環境でも表現力を発揮するために

は、第二に、教師自身の身体に基本的な表現力が宿ることが重要だろう。演出家であり演劇教育の専門家、竹内敏晴は、その経験から教師に必要な表現力を次のように述べている。

「教員はことさらに自己防衛が強くなりがちな職業だと思われます。上司や父兄などにはさまれる地位がそれをのっぴきならなくさせるのかも知れません。が、同時に、子どもとのふれあいを思えば、自己防衛の放擲をこれ以上要求される仕事もないだろうと思います。演じること、『作勢』する（勢いをなす）こと、actionを起こすこと、フィクションの─想像の─世界へ大胆に身をなげかけること、playすること、わき目もふらず集中し感じるままに動くこと、つまり自己をむきだしにすること、これこそ劇行動を通じて、人が経験しうる、最も貴重な宝だと思うのです。そしてあえて言うならば、それこそ『授業』の実質なのではあるまいか、と。」（竹内、1999、123頁）

教師自身が優れた専門家であり、熱心な学習者であるという姿勢を心より表現すること、それが表現力の向上につながる。そのためには人間としての、高い向上心の存在が重要となるだろう。

第3節　向上心について

展望力、物語力、表現力を自己啓発力として述べてきた。しかし、まずこうした自己啓発を行おうとする動機がなければ、誰も自分を高めようとは思わないだろう。その意味で、こうした力の基礎には、本来なら、誰もが持っていたはずの、一人の人間としての向上心が前提とされる。だがそうした向上心は誰にでも備わっているものなのだろうか。

フランスの哲学者ベルナール・スティグレールは、銀行強盗の後、逮捕

第Ⅱ部　自己啓発力──自律的に活動する力──

され、5年間の刑務所暮らしを経て社会に復帰した。彼は、刑務所の中で図書館に通いながら、読むことと書くことを繰り返し、自己との対話を通じて人間の限界と可能性について考え、行動する哲学者となった。子どもたちとその保護者たちに向けて行われたモントルイユ国立演劇センターでの「小さな講演会」で、彼は、向上心のありようについて次のように述べている。

「人間を活気づけているのは、つねにもっと高いところに行きたがるということ、つねにもっと高いところを目指すその欲望なのです。」（スティグレール、2009、23頁）
「子どもにとっては、山、あるいは小さな丘に上ることでさえ大変なことです。でも難しいからこそやりたくなるし、やったら面白いのです。」（同、27頁）

私たちはいつも相反する2つの気持ち、勇気（頑張ること）と怠慢（怠けること）の両方に引っ張られている。頑張り続けることは疲れるから、人は少しは休もうとする。しかし、怠慢とは、ずっと休み続けることであり、生き方そのものが怠慢になれば、人は人間らしさを失っていくという。

「だって、人間の一生っていうのは、いつも新しい人生を発見すること、人生を新しくやり直すってことなのですから。それこそが人間らしい生き方であって、動物のような生き方、愚かな生き方とは違うってことなのですよ。人間らしく生きるとは、生きることを学び続けるということなのです。」（同、50～51頁）

教師にとって、ストレスや疲れがあまりに多いと向上心がなくなるのは当然だろう。

教師の人間「力」は、単に能力だけの話ではなく、身体の活力や健康とも直結している。加齢に伴う活力の低下は、60代の筆者自身つくづく経験している。その時、いろいろなものからどのように活力をもらい回復していくかの工夫が重要となる。そして一番元気をもらえるのは、自分の家族であり、同僚であり、教え子や生徒たち、保護者や上司、そして地域の住民を含む他者からの励ましや優しさ、喜びではないだろうか。教師の向上心は、人間関係の力によっても支えられているのである。

第Ⅲ部

人間関係力
――異質な集団で交流する力――

第6章

対話力
――関係を作る――

第Ⅲ部 人間関係力 ──異質な集団で交流する力──

第1節 共に生きることを学ぶ

　第Ⅱ部では、展望力、物語力、表現力という自己啓発力、自律的に活動する力を考えてきた。この力は、「ひとりで生きる力」にあたる。しかし、教師の「人間力」としては字義通り、「人の間」の力もなくてはならない。人と「共に生きる力」がキー・コンピテンシーの人間関係力にあたる部分である。第二のキー・コンピテンシーのグループ、異質な集団で交流する力を人間関係力としてとらえ、次に対話力、協働力、問題解決力について考えていこう。

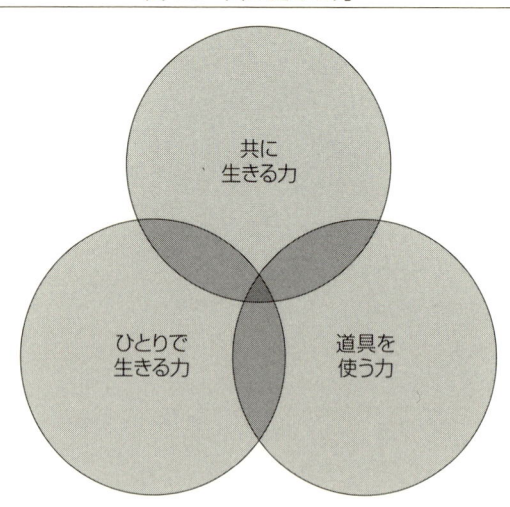

図13　共に生きる力

　1972年のユネスコの報告書『Learning to be』は、世界中の学習法をまとめ、3つの学習の原則があることを提案した。第一は「知ることを学ぶ」（learning to know）こと、学び方の学習であり、第二は「なすこと

を学ぶ」(learning to do) こと、知識として知ったことを実践や経験を通じて学ぶ原則であり、第三は「人として生きることを学ぶ」(learning to be)、人間としてできる限りその全体性を活かす生き方をめざす原則である。最初の2つの原則が個人的な学習を主としているのに対し、最後の原則では、突然に人間の全体性の回復を目標とする点で3つの原則には無理があった。

しかし、1996年のユネスコ21世紀国際教育委員会の報告書『学習：秘められた宝』では、「人として生きることを学ぶ」原則の前に、新たに「人と共に生きることを学ぶ」という原則が加わった。この「人と共に生きることを学ぶ」方法には2つのものがあるとされる。1つは、他者を理解することであり、もう1つは、日常生活を通じて共通の目標を持って共同作業をすることである（ユネスコ21世紀教育国際委員会、1997、66～76頁）。後者については次章の協働力に譲り、まずは、他者を理解することからはじめよう。他者と出会い、対話を通じて他者を理解する力をどう高めていけばいいのだろうか。

第2節　対話の力

ユネスコの報告書は、「他者を理解するためには、人はまず己を知らなければならない」という（同、73頁）。まず自分をよく知り、そして他者を知れというのである。しかし、他者をよく知る前には、他者とのなんらかの縁や絆といった関係作りが重要である。自己を知り、他者との関係を育て、そして他者について知るという3つの行動は、対話の力と関わってくる。

第Ⅲ部 人間関係力 ──異質な集団で交流する力──

2.1 自己との対話

　私たちは自分のことをよく知っているようで知らないことも多い。自分だけが持つ癖や習慣、行動の型や考え方、自分に対する肯定的あるいは否定的なイメージ、鏡で見る自分の姿と人が抱く印象が同じ場合もあればまったく異なることもある。自分のことは自分が一番よく知りわかっていると思いたいが、本当にそうだろうか。プロのスポーツ選手でさえ、人から自分の問題点を指摘されて初めてわかることがあるという。自分では気づかなかったことが失敗してわかることもある。知っているつもりで知らなかった点を指摘されることもある。

　たとえば、私たちが失敗をしたとする。その失敗の経験から、「なぜうまくいかなかったのか」という問いに直面した時には、2つの学習法がある。1つは、単に、「どうすればうまくいくか」というスキルや知識の学習を行い、一時的、短期的な対処で目先の問題だけを解決して、本当の問題解決を先送りにする学習法であり、「シングルループ学習」という。

　他方、「自分のものの見方はこれでよいか」「なぜ自分はそのやり方にこだわっているのか」と自らの考え方の前提、思い込みやフレームを問い直し、根本的解決の道を探る学習がある。これは、「ダブルループ学習」と呼ばれ、自分の失敗への人の意見に対して自己防衛をするのではなく、人の意見に耳を傾け、失敗を異なった視点で見直し学んで成長する開かれた学習法である。

　後者の学習法にいたるための第一歩は、失敗を忘れないよう「ノートへの記録」を続けることだろう。単に忘れないためというだけではなく、解決策を自分で書き留める中で「自己との対話」が生まれてくる。人との対話の際にも、自分が気づいたことは、演技でもいいからノートに書き留めていく。作家や技術者はいうまでもなく、優れた専門家といわれる人ほど、自分の知識を整理するノートを持っている。ノートに書き留められて

いく言葉の専門語数が増えるほど、その人の専門的能力は高まるからである。

成人が経験から学ぶ方法については多くの研究がある。たとえばコルブは、経験から学ぶためには次の4つの能力が必要とした（Kolb、1983、p.30）。第一は、新しい具体的な経験能力（Concrete experience ability、CE）、第二に、反省的な観察能力（reflective observation ability、RO）、第三に、抽象的な概念化能力（abstruct conceptualization ability、AC）、第四に、能動的な実践能力（active experimentation ability、AE）である。第一段階の新たな具体的経験から、第二では、その経験についての反省的な観察を経て、三段階目で抽象的な概念を形成し、最後にその概念を再び能動的な実践へと実験を行い、再度、最初の具体的経験に至るプロセスを経る。そのためには、自己との対話、特にダブルループの学習が専門家の成長にとって重要であるとする。

2.2 関係を作り、育てる

自分についてよく知ってからでないと人との関係が築けないというわけではなく、自分のことをよく知るためにも人との関係を同時に作って育てていきたい。人との関係を作る上で重要な点は、人との間にある見えない絆、親近感を育てることである。その絆は短く、太ければ切れにくい。長く細いほど切れやすい。絆がないと信じてしまえばもとよりそれは存在すらしない。親近感は、心理的関係（共感性、親和性）、物理的関係（スキンシップ、距離、方向）、社会的関係（社会的地位、対等性、支援関係、差異性）から構成される。

教師の場合、制度的に当然のものとして、生徒との関係が初めからあると考えるのは大きな誤りである。生徒との間での人間関係を作ることから、教師の仕事は始まる。なぜ、『二十四の瞳』をはじめとする多くの教育ドラマで教師たちが懸命に生徒たちの名前を覚えるシーンがあるのか。

第Ⅲ部　人間関係力 ──異質な集団で交流する力──

『ROOKIES』の新任教師、川藤幸一が全校生徒や相手チームの生徒の名前まで知っていることに生徒たちが驚くのはなぜなのか。名前を覚え、絆を深めるといった関係作りから、教育における師弟関係が始まるからではないだろうか。ここでは、人間関係を作るために、5つの代表的な関係形成の方法を紹介したい。

1. 自己紹介をする

　学校に限らず、人との関係作りの第一歩は、自己紹介によって自分の名前を覚えてもらうことから始まる。その時に、自分がどれだけ自分のことを知っているか、自分についての知識が深いほど、いい自己紹介ができる。過去の自分から、新しい自分へ、自分がどう変わろうとしているか、自分がいつも何に興味を持っているか、そうしたことを人に知ってもらうことから、第一印象が作られる。

2. 名前を覚える

　人の名前を覚えることは、その人の人間としての存在を認めることでもある。絆を強めるためには、名前を積極的に覚える工夫が大切になる。写真や名刺、会議録からメモを残す。普段から頻繁にその人の名前を呼ぶ。手紙やメールではフルネームで記述する。そんな努力が名前を短期記憶から長期記憶へ移すことになる。名前は単なる記号ではなく、その人の名前にはそれぞれの社会的文脈や歴史があり、意味がある。名前を知るということは人間関係が始まることであり、名前を覚えることはその人との人間関係を維持するということであり、名前を忘れるとはその人との関係の喪失を意味する。

3. 接点を増やす

　人間関係には自分が作りたい関係も避けたい関係もある。もし、関係を強めたい人がいるならば、その人との偶然の出会いだけではなく、積極的に必然の出会いの機会を持てばいい。普段の関係を強めるには、定期的な出会いや日常的な接点を増やせばいい。生徒と日常的

に接することの多い教師も、保護者との出会いを定期的なものだけですませばいいとは限らない。時には保護者との接点を増やし、問題解決を図らなければならないこともある。出会いや接点が多いほど、教師への保護者の理解は深まるが、理解が深まるほど期待もまた大きくなる。

4. 共有物を増やす

どんな人にも相違点と共通点がある。そこで、絆を太くするには、両者の共通点を増やすことである。たとえ、違う点が多くても、共に過ごす時間を増やし、同じ場で暮らし、同じ知識や経験を共有するうちに、いろいろな共有物が生まれてくる。共有物が増えるほど、話が通じやすくなり、仕事がしやすく、相互の理解が深まる。

5. 人についての知識と感情

以上の4つをまとめれば、人間関係を作るには人の経験や過去、人柄といった知識と感情の記憶が重要ということにつきるだろう。「人を認める」ということは、その人についての知識と記憶がどれだけあり、どれだけ感情を共有し、その人の視点に立てるかということだろう。日々変化する人々を関心を持って観察するだけではなく、対話を通じて深い内面を知ることができれば、絆はいっそう強くなる。一人ひとりの生徒についての知識と理解を深め、成長を支援できるかが、教師の人間力の要となる。そのためには外見の観察だけではなく、生徒や保護者との内面的な交流、対話が、人間の理解を深めることにつながる。

2.3 対話から関係を育てる

対話とは何か。物理学者かつ哲学者のボームによれば、対話とは意味の流れであり、対話が人々と社会を接続する役割を果たす。対話には、人間同士や社会間での意味の共有により、新たな意味や関係を生み出す可能性

がある。これに対し、ディスカッションという方法では意見の打ち合いが生じ、競争や闘争から関係が壊れる可能性もあるという（ボーム、2007）。

ただ、現実世界の対話では、互いが満足できるものが少ない。

対話の障害要因は、人が自分の想定（思い込み）や意見に固執し、守ろうとする点にある。人は多様な背景を持つため想定や意見が異なるのが普通だし、その状況が変えられないなら、対話のプロセスで暗黙のうちに意味が共有できることこそ大切とボームは考える。だから対話には時間がかかるのである。

たとえば、教師という一人の人間が対話を通じて、多くの生徒の見方や考え方を変えるには相当の時間がかかる。

ボームはそこで集団の思考を変える可能性を探る。

私たちはいろいろなことを考えるが、「考えること」と「考えてしまったこと（思考）」は違う。思考は記憶に入り込んで勝手な活動をはじめる。記憶は身体に影響し、感情も変える。その点からすれば、私たちは必ずしも事実をみていない。言葉やイメージにより提示されたものが自分の思い込む認識や経験と結びつき、人や物の描写がなされていくからである。

「思考には経験したものを描写する能力がある。」（同、127頁）

森は画家にとって絵を描く価値があるものに見え、散歩する人にとっては鳥の声が聞こえる場所であり、同じ森という事実も人によって違って描写される。人間関係もまた同じく、過去の経験や思い出がそれぞれの人の描写を形作る。

「我々の人間関係は、他人が自分にどう提示されているか、そして自分が他人にどう提示されているかにかかっている。」（同、133頁）

そこで、思考とは描写から提示されるイメージを生み出すものと考えれ

ば、描写の変化が思考の変化につながるはずである。手品師の魔法もトリックが提示されると、手品師が魔法使いでないことを誰もが知る。

　提示されたイメージを私たちが認識した後、そのイメージを私たちがどう再提示（描写）するか、という思考のプロセスを考えれば、イメージの描写の仕方を少し変えるだけで人々の認識を大きく変える可能性が開かれる。自分や相手の描写を変える、その人のイメージを良くするか、悪くするか、自分のイメージをどう提示するかで、人間関係も変わるのである。教師冥利といわれるような生徒との絆の記憶も、生徒が作り上げるそうした描写、生徒にとっての教師のイメージから形成されるのではないだろうか。

図14　対話の流れ

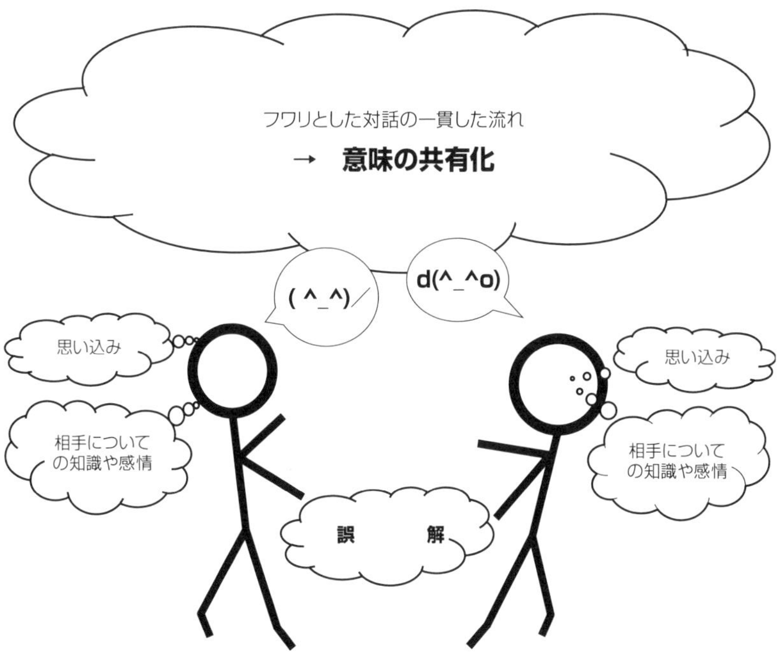

フワリとした対話の一貫した流れ
→ **意味の共有化**

(^_^)　d(^_^o)

思い込み

相手についての知識や感情

思い込み

相手についての知識や感情

誤　　解

第3節　生徒との対話から

　学校では特に、生徒との対話が重要である。
　教師が思いやりを持って生徒と対話するにはそのための具体的なスキルが必要となってくる。この点については、相川充の『先生のためのソーシャルスキル』に詳しいのでぜひ読んでいただきたい。
　生徒との対話の中でもさらに重要なのが授業中の対話であろう。授業中での対話からは、生徒の学習の理解度そのものがわかるようになってくる。テストのような総括的評価とは異なり、こうした日常的なフィードバックを伴う評価活動は、「形成的アセスメント」と呼ばれる。
　形成的アセスメントとは、「生徒の学習ニーズを確認し、それに合わせて適切な授業を進めるための、生徒の理解と学力進歩に関する頻繁かつ対話型のアセスメント」である。
　2002年から8か国を対象に行われたOECD教育研究革新センターの研究成果によれば、中等学校で学力の向上、学習成果の公平性や学習スキルの学習に実践的に取り組んだ教師には、次に示した6つの特徴がみられた（OECD教育研究革新センター、2008、52～62頁）。

1. 対話を促す教室文化の確立
　　生徒が失敗を恐れないような補助を教師が行う。仲間との競争より、生徒に自尊心や学習への関心を育むことに重点を置く。
2. 学習目標に向けた個々の生徒の学習進歩の追跡
　　生徒個々人の学習進歩の記録を重視し、目標実現のための足場を作る。
3. 生徒に応じた多様な指導法の活用
　　生徒の理解と感情を配慮した教授法を工夫する。

4. 多様なアプローチの使用
　生徒の理解と学力進歩状況を把握するための情報を収集する。
5. 生徒へのフィードバックを含む授業展開
　フィードバックのタイミングや内容により授業を調整する。
6. 生徒の積極的な参加
　自己評価表の導入など、生徒の学習スキルの開発をねらいとした動機づけや学習法を工夫する。

　生徒の教育評価は、テストのような総括的評価（締めくくりとしての評価）だけではなく、毎日、毎時間の形成的アセスメントも重要となってくる。そこでの最終目標は、生徒自身が安心できる環境で、自信を持って自律的な学習をできるようにすることである。

　生徒の進捗状況や個性に応じてそうした学習ができるように指導するためには、教師が生徒から多くの知識や情報を得ていく必要があり、教師の対話力はそのためにも欠かせないものとなってくる。

　形成的アセスメントは、キー・コンピテンシーを教育に活用する際の非常に重要な教育法と考えられ、その実現には、教師の対話力が必須の力となるのである。

　他方、授業以外の場での生徒との対話の機会は、教科に限らないテーマや情報を、そして生徒との相互理解を生む。クラブ活動や児童会・生徒会活動、学校行事といった時間には、生徒の自発性や仲間関係が非常に良く現れる。そのような場では、生徒の発言のチャンスを活かし、授業とは異った対話が生まれる可能性があるだろう。

第7章

協働力
──チームで働く──

第Ⅲ部　人間関係力 ──異質な集団で交流する力──

第1節　教職員の協働

　対話の力とともに、教師の人間力向上に不可欠なのが、チームワーク、協働の力である。上司の校長や教頭、学年担任、同僚の教師との関係は、教師自身が生徒との関係を作る上で、非常に重要な役割を果たす。また、家庭の保護者との協働、地域の協力者との関係を作り上げる際に、教師自身がそうした人間関係をどれだけ積極的に活用できるかが重要となってくる。

　実際、教師は、学校の中で他の同僚や校長など管理職と協力して働きたいという気持ちをどの程度持っているのであろうか。全国の小学校から高校500校、4,000人の教職員を対象とした『教職員の生きがいに関する意識・実態等調査研究報告書』（教職員生涯福祉財団、2008）をみると、学校の状況の中で、「教職員同士が協力できる体制・雰囲気」にあるかどうかを尋ねた結果では、「ある」と「どちらかといえばある」と回答した教職員は、小学校で86％、中学校では81％だったものが、高等学校では63％と減少する。

　また、「学校長と教職員の意識の共有化」についても、肯定的な回答を示すのは小学校や中学校で7割前後あるのに対し、高等学校では、5割にすぎない。協力できる体制については、設置主体別にみた場合その差はさらに大きい。「教職員同士が協力できる体制・雰囲気」にあると回答する公立学校の教職員は8割弱あるのに対し、私立では6割弱、「学校長と教職員の意識の共有化」があると回答する教職員の比率は、公立学校で7割弱であるのに対し、私立では4割にすぎない。

　学校段階が高くなるにつれて、教職員の協働体制の構築や管理職との意識の共有化が困難になる理由には、教科の専門性の高まりや担当行政の広域化が影響していると考えられる。

第7章　協働力──チームで働く──

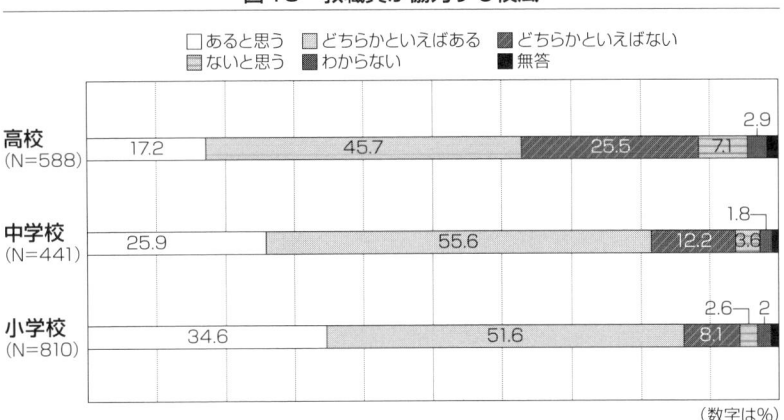

図15　教職員が協力する校風

	あると思う	どちらかといえばある	どちらかといえばない	ないと思う	わからない	無答
高校 (N=588)	17.2	45.7	25.5	7.1		2.9
中学校 (N=441)	25.9	55.6	12.2	3.6		1.8
小学校 (N=810)	34.6	51.6	8.1	2.6		2

（数字は%）

出所：教職員生涯福祉財団（2008）『教職員の生きがいに関する意識・実態等調査研究報告書』

　しかし、他方で、学校管理職が思っているほどには、協働の体制や共有化が進んでいるわけではないことも事実である。この調査では、職種・職階別にも分析を行っているが、「教職員同士が協力できる体制・雰囲気の有無」「学校長と教職員の意識の共有化」「自由に提案できる体制・雰囲気の有無」等の質問に対する回答では、副校長や教頭が8割から9割が肯定的な回答を示すのに対して、教員は6割から7割、職員はさらに低く5割から6割の回答しか得られない。

　だが、教師の力を引き出し、学校全体の教育力を高める上で、教職員集団の力は非常に重要である。

第2節　気持ちのそろった教職員集団

　「効果のある学校」研究を踏まえて、日本独自の「力のある学校」を探った志水宏吉は、図16に示したようなスクールバスモデルを提案してい

る。志水によれば、アメリカのエドモンズは、アメリカ北西部の約800校の分析から、55校の「効果のある学校」を見いだし、その特徴を次の5つにまとめた（志水、2009）。

1) 校長のリーダーシップ
2) 教師集団の意思一致
3) 安全で静かな学習環境
4) 公平で積極的な教師の姿勢
5) 学力測定とその活用

図16　力のある学校（スクールバスモデル）

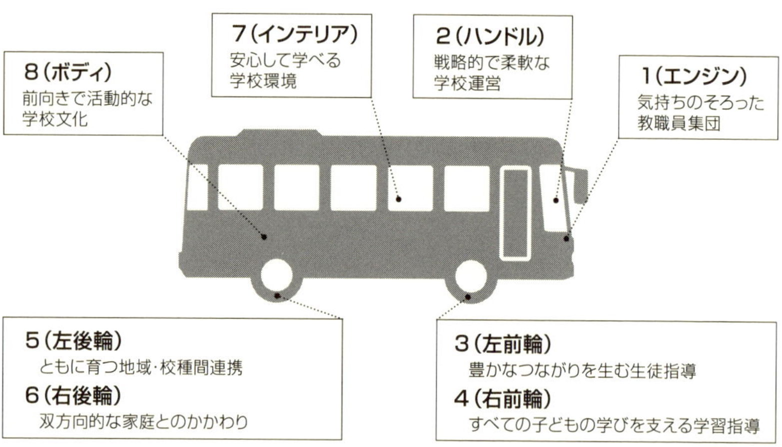

8（ボディ）
前向きで活動的な学校文化

7（インテリア）
安心して学べる学校環境

2（ハンドル）
戦略的で柔軟な学校運営

1（エンジン）
気持ちのそろった教職員集団

5（左後輪）
ともに育つ地域・校種間連携

6（右後輪）
双方向な家庭とのかかわり

3（左前輪）
豊かなつながりを生む生徒指導

4（右前輪）
すべての子どもの学びを支える学習指導

出所：志水宏吉編（2009）『「力のある学校」の探究』大阪大学出版会

　この特徴を参考に日本版の効果のある学校についての長年にわたる経験的研究から、志水らは、より実践的なモデルとしてバスモデルを提案した。図に示した特徴の中でも、「気持ちのそろった教職員集団」は、学校作りのエンジンであり、集団のまとまりがなければ学校はうまく働かない、という。

第7章　協働力 ——チームで働く——

「学校づくりの根幹は、まとまりのある教職員集団をいかにつくりあげるかという点にある。」（志水、2009、72頁）

　その出発点は、「子どもたちのためにできることは何でもやろう」という教職員の思いの共有にある。そして、このエンジンは、「チーム力を引き出すリーダーシップ」「信頼感に基づくチームワーク」「学びあい育ちあう同僚性」から構成されている。校長と教頭、そして学年担任のようなミドルリーダーのリーダーシップが重要な鍵を握り、教師だけではなく職員も一丸となっていること、同僚性が高い学校では相互支援の形ができて豊かな成長の機会がある、という。

　教職員集団というエンジンによって、学校は大きく動く。この集団の協働性について、葛上秀文は、教師文化の特徴や若手教師の増大傾向を踏まえ、教師個々人の専門性の向上も必要であるとしながら、協働的な教師文化の構築がそれ以上に重要であるという（葛上、2009）。

「教師それぞれが、周りの教師に遠慮して発言を控えるのでなく、学年で揃えるという目標に向けて、相互に本音をぶつける中で、協働的な関係が構築されていくのである。」（同、173頁）

　葛上によれば、結局、協働的な教師文化を支えるのは、「管理職をはじめとしたリーダーシップの存在と、構成員一人ひとりのコミュニケーション力の高さである。それらが組み合わさって、新しいメンバーのよいところを引き出しながらそこにとけ込ませていく仕掛けを生みだし、協働的な教師文化を熟成させていくのである」（同、175頁）。

　では、「力のある学校」をめざして、教師の協働力を高めていくにはどうすればいいのであろうか。上からのリーダーシップによる強制的な研修や集団的活動も重要であるが、教師個々人がその協働性を高めるにはどうすればいいのであろうか。

第Ⅲ部　人間関係力──異質な集団で交流する力──

第3節　協働力というコンピテンシー

　ところで、コンピテンシーにはレベルがあるとされる。なぜなら、コンピテンシーは、個人が直面する問題の複雑度や困難度に応じて変化する。だから、コンピテンシーの評価は、個人が特定のコンピテンスや構成要素を持っているか、持っていないかというよりも、むしろ低いレベルから高いレベルまでの連続性に沿って、個人の行動力が安定するかどうかが重要なのである。

　「複雑な需要に応じて資源を活用し成果をあげていく」コンピテンシーとして、協働の力というコンピテンシーを考える場合には、次のようなレベルを想定できるだろう。

1) 人と一緒に仕事しようとは思わない。
2) あまり同僚と一緒に仕事ができない。
3) 助けがあれば他の人と協働できる。
4) 状況にかかわらずいろんな人と協働できる。
5) 他の人に協働の仕方を教えることができる。

　協働力のコンピテンシーを向上していくためには、上記の1～3のレベルでは協働の仕方をどう学ぶかが、また4～5のレベルでは互いにどうその方法を考えるかが重要となってくる。そのためには、協働性の内実を考えていく必要があるだろう。

　タムらは、協働性を導くために5つのスキルを紹介している（タムとリュエット、2005）。第一のスキルは、コラボレーション（協働）の意思、つまり自分の防衛的姿勢の反省である。防衛的になるほど、人は柔軟性を失い、硬直化する。第二のスキルは、真実を語り、聞く力である。人間関

係の信頼は、どれくらいの真実が語られるかで決まってくる。第三のスキルは、自分で選択を行い、その結果に責任を持つことである。口で言うだけではなく、選択と行動が求められる。第四のスキルは、自分と他者についての気づきを高めることである。人との関係の中で自分の行動をどう理解するかという点である。第五のスキルは、問題解決と交渉の力である。

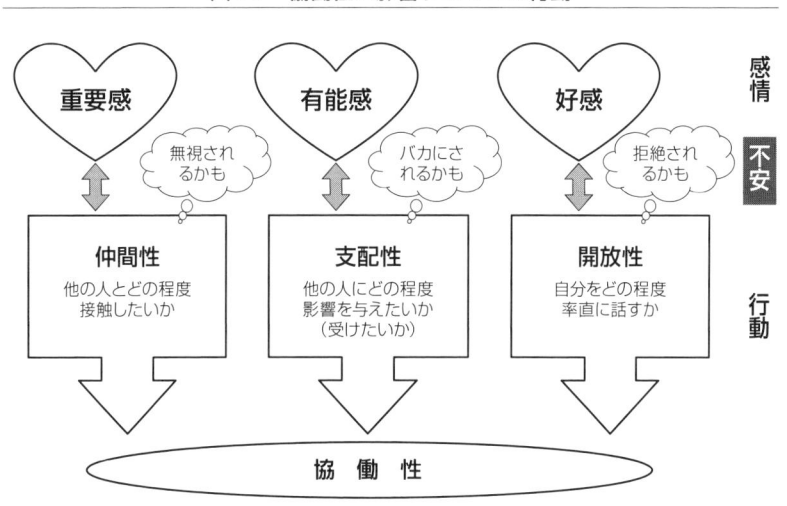

図17　協働性に影響する3つの行動

感情	重要感	有能感	好感
不安	無視されるかも	バカにされるかも	拒絶されるかも
行動	仲間性 他の人とどの程度接触したいか	支配性 他の人にどの程度影響を与えたいか（受けたいか）	開放性 自分をどの程度率直に話すか

→ 協働性

　このうち、タムらは、第四のスキルの中で、協働性を構成する3つの行動をあげている（図17）。その1つは、自分が他の人とどの程度接触したいか、という行動であり、これは、その人が他の人からどの程度重要とみなされているか、仲間関係を持つかという理解と関わっている。同僚性あるいは仲間性ともいえる特性である。もう1つは、自分が他の人にどの程度影響を与えたいか、あるいは受けたいかという行動であり、これは、その人が他の人に対してどの程度イニシャティブ、率先性をとるかという理解に関わっている。最後の1つは、自分のことについてどの程度オープンに人に話すかという行動である。あまりにすべて自分のことを話せば、逆

に距離を持たれてしまう。だが、ある程度自分のことを知ってもらうことで共感が湧くということもある。開放性ともいえるだろう。

　タムらの紹介するFIRO理論（Fundamental Interpersonal Relations Orientation、対人関係における基本的志向性）によれば、人間は、対人関係において、仲間性、率先性、開放性という3つの行動の志向性を持って人と関わっていく。そして、人間関係における成功は、自分の行動の好みと異なる状況に直面した時に、どれだけ適切な行動をとれるかという柔軟性によって決定される。この3つの行動の背景には、それぞれの行動を自分の感情に応じて、どう柔軟に対処するかという柔軟性が働くのである。

　最後に、協働性を生むための第五のスキルは、キー・コンピテンシーの中で人間関係力の3つ目のスキルに相当する解決力であり、交渉力である。このスキルについては、相川も教師のソーシャルスキルとしてその重要性を指摘しており（相川、2008）、次章に詳しく述べたい。

第8章

問題解決力
――達成感を得る――

第Ⅲ部　人間関係力──異質な集団で交流する力──

第1節　教師としての成長感

　毎日の教育活動では、児童や生徒の成長を助けることが教師の役割だが、それだけではなく、教師自身もまた日々、成長していると感じることが人間として大切なことではないだろうか。

　第二の人間関係力、協働力について、前章は、自分のことをどの程度率直に話すかという開放性、他の人とどの程度接触していくかという仲間性、そして他の人に対してどの程度率先して行動していくかという率先性（支配性）が、他の教師たちとの協働的な人間関係を形作ると述べた。この相互の協働的な仕事の中では、自分ができないことを教えてもらったり、逆に自分が他の教師を助けることで、自分がどれだけ教師として成長していくかという感覚や成長感が重要であろう。そうした成長感や実際に成長のために必要とされる専門的な知識・スキル、そして意欲は、他の教師との関係だけでなく、生徒や保護者との関係の中で多くの課題に直面して、問題を解決したり、あるいは失敗をしながら、成長していく中で育っていくだろう。

　子どもたちに生涯にわたって学ぶ意欲を持たせるためには、まず自らがその専門性の成長とともに、人間としての成長を実践していくことが教師には大切だし、そのための学習機会が必要であろう。社会的には、教師養成課程や初任時研修に加えて、現職教師研修の機会が提供されている。教師同士の相互指導、質的・量的な評価、学校外のワークショップや研究会への参加、学校間の協力、教科間の研究ネットワークなどでの学習を通じて、自分の「教師としての強み」、自己有能感を育てていくのである。ホワイトによるコンピテンスの定義には、他の人に大きな効果を及ぼしているという感覚、有能感が含まれていたことをもう一度想起したい（ホワイト、1985）。

第8章　問題解決力　——達成感を得る——

　ところで、教師としての成長の機会は、必ずしも制度的に、社会的に保障されるとは限らない。日常の職場で、毎日の小さな課題をこなして一歩ずつの成長感を得る方法もあるだろうし、教育者として大きな課題を乗り越えて大きな成長感を持つこともあろう。いずれの場合でも、課題や問題への対処の力を持つことが人間としての成長を助けてくれることは間違いないだろう。そうした課題や問題の解決の成果からは、自分が内的に成長したと感じる場合がある一方で、自分自身に成長感はなくても、周りの人間関係が良いものに変化し、自分が他の人から高い評価を得る場合も、そして両者が同時に起こることもある。

第2節　問題解決力

　2つめのキー・コンピテンシー、人間関係力のうち、第三の力が問題解決力である。OECDのキー・コンピテンシーでは、この第三の力が、人間関係の対立を処理し、解決し、対立する利害を調整し、または許容しうる解決策を見つけだす能力であるとしている。そして、この力は、人間関係を作る対話の力、共に働く協働の力との間で深い関係にあり、この2つの力を土台にして、解決の力も高まっていく。

　人間関係の対立は、自分の家庭、学校という職場で、学校と地域社会の関係の中で、また、より大きな社会を含めて、生活のあらゆる側面で生じる。2人以上の人間同士、あるいは2つ以上の集団が出会う時、そこにはなにがしかの、異なる欲求、目標、あるいは異なった価値観や考え方のために、互いに反目や対立が生まれる。こうした対立や葛藤は日常的な現実であり、人間関係に内在するものであり、私たちが理想的に言う個人の自由や多様な価値観を現実の行動へ移す時には、そうした対立を解決するためにも、何らかの実践的な選択を行い、行動していかざるを得ない。

　そこで、対立や葛藤、あるいはケンカ、小さな争いを処理し、解決し、

第Ⅲ部 人間関係力 ──異質な集団で交流する力──

対立する利害を調整し、または許容しうる解決策を見つけだすコンピテンシーが必要とされる。こうした調整や交渉の専門家としては、弁護士、交渉人、オンブズマンなどの職種がある。しかし、こうした専門家にいつも頼るわけにはいかず、すべての人々が日常生活において対立に直面する以上、普段からその解決を図れる力が必要とされる。

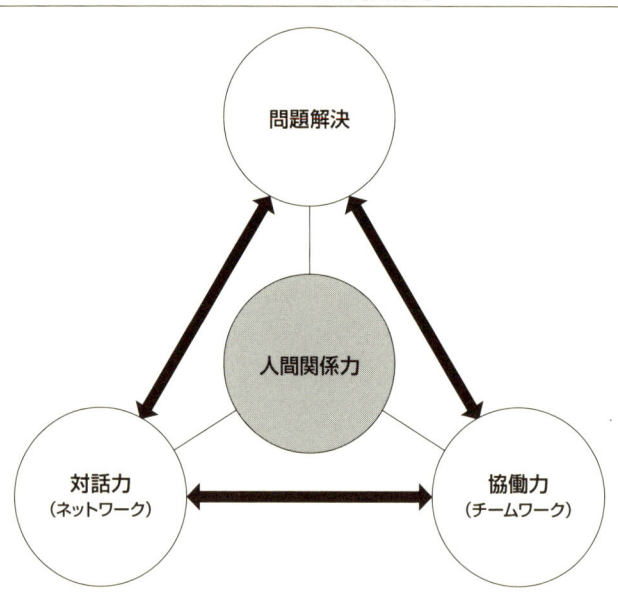

図18 3つの人間関係力

対立に前向きに向かう鍵は、対立の問題を「課題のプロセス」とみなして、全面的に避けたり、排除したりせずに、冷静に、公正で効率的な方策で対処することである。その際には、個人が他者のニーズや利害を考慮し、問題の当事者が自分だけの利益を図ったり、他者の犠牲の上に目標を達成しようとするのではなく、紛争関係にある当事者が互いに利益を得るような方策を探すことである。そこで、まず、問題を明確に定義し、対立の原因を探り、利害を調整して多様な選択肢が提供できる解決策を提案し

第8章 問題解決力 ——達成感を得る——

ていくことである。また、意見の相違点、合意点を明らかにしたり、もし、実践して解決が図れない場合には、問題の再定義を行うことが求められる。

図19 問題解決のプロセス

```
問題の定義 → 現状の理解 → 原因の分析 → 方策の決定 → 方策の実行 → 成功
                                                    ↓
                                                   失敗
                                                    ↓
                                         （問題の定義へ戻る）
```

　図19にはそのプロセスを示したが、特に重要なのが問題の定義である。問題の当事者双方が問題は何かという点について合意できなければ、解決策の合意もできない。たとえば、B氏が「どうすれば問題のあるA氏の行動を変えられるか」と考えても、A氏の合意は得られない。A氏、B氏双方にとって利益があるような目標をそこに設定して、どのような環境や条件が整えばA氏、B氏にとって利益が生まれるかを考える必要がある。そして、こうした問題の定義とその解決のプロセスは、問題の内容によって変化するため、いろいろな解決のプロセスを工夫していくことが望ましい。

第3節　多様な問題解決法

3.1　マネジメントの課題解決法

たとえば、学校のマネジメント上の問題解決法としては、PDCAサイクルモデルがよく用いられる。計画（plan）、実行（do）、評価（check）、改善（act）のプロセスを順に実施する方法である。最後の改善では、評価の結果から、元の計画内容を継続するか、修正したり破棄したりし、新たな計画を作成する。このサイクルの繰り返しから、品質維持や向上、業務の改善を推進する方法である。

3.2　情報の問題解決モデル

また、情報の収集や探索の課題解決の手法としては、マイケル・アイゼンバーグとボブ・ベルコウッツが提唱した「ビッグ6モデル」が有名である（*http://www.big6.com/*）。そのホームページの説明によると、この情報の課題解決プロセスモデルは、アメリカで多くの学校や高等教育で用いられているだけでなく、小学校から成人に至るまでの人が情報の問題を解決するために用いることができるプロセスであるとしている。情報に関わる多くの実践や学習に使うことができるこのモデルでは、問題解決が主に6つの段階からなり、各段階がさらに2つの副次的段階を含むことを発見したという。

第8章　問題解決力 ——達成感を得る——

表1　問題解決のプロセス（ビッグ6モデル）

1. 課題の定義	情報の問題を定義する	4. 情報の活用	読み、聞き、概観し、触れてみる
	必要な情報を確認する		関連情報を引用する
2. 情報探索の戦略	利用できる資料を決定する	5. 統合	多様な資料をまとめる
	最善の資料を選択する		情報を提示する
3. 情報の位置づけと発見	資料を位置づける	6. 評価	成果を判断する（有効性）
	資料内の情報を発見する		プロセスを判断する（効率性）

出所：Big6 (http://www.big6.com/)

3.3　合意形成の工夫

　他方、OECDのキー・コンピテンシーで重視されているような人間関係の対立問題のモデルとしては、特に合意の形成を中心とした解決法を展開したタムらの方法がある（タムとリュエット、2005）。法律学者として多くの交渉を行ったタムらは、人間関係において対立する問題の解決にあたって、解決策を発見する10の方法を提案している。その方法とは、ブレインストーミング、別の視点のアプローチ、大局と小局の使い分け、部分化、問題再構築、仕切り直し、希望リスト作成、スタートあるいはゴールからの形成、IF思考をする、相違点を考える、である。しかし、それ以上に面白いのは、「人間関係におけるあなたの能力を向上させるため、今日からはじめられる15のこと」として紹介されている次の方法である。

1）真実を話す。
2）自分の幸せは自分が選択することに気づく。
3）より深く自分を知る。
4）感じることを自分に許す。
5）非難をやめ、判断を先送りに。
6）意図的に人を傷つけない。
7）なりたい自分をイメージする。
8）自分の限界を作らない。
9）自分を主張する。
10）弱い部分を隠さず誠実に。
11）身体の智恵に気づく。
12）人生により高い意義を持つ。
13）自分の成長を自分で元気づける。
14）与えるために与える。
15）少しの笑いを。

　最後の「少しの笑いを」では、「本当に大切なものほど真剣に考えすぎてはいけない」という助言をしている。このうち、13番目の項目「自分の成長を自分で元気づける」では、個人的な成長が一生かかる大仕事であるという。また、12番目の項目「人生により高い意義を持つ」についてもう少し考えてみたい。

第4節　教師として「生きる」問題

　第6章の第1節「共に生きることを学ぶ」では、生涯学習の4つの原則について既述したが、その4つめの原則が「人として生きることを学ぶ」であった。その原則ではまた、「教育はすべての人に、自分自身の問題を

第8章　問題解決力――達成感を得る――

解決し、自分自身で決定を下し、自分で責任を負う能力を持たせなければならない」ということを述べている。ユネスコ21世紀国際教育委員会報告書（『学習：秘められた宝』、通称ドロール報告）では、その原則を実現するために、想像力や創造性の学習が必要であるという。

　人間の発達の過程で人間として生きる意味を問い続けることは、教師にも求められる。多くの教育問題と直面する中で、教師は、苦悩からの問いかけを続け、人間として成長していくこと、失敗から多くを学んでいく学習者として生き続けること、が重要なのではないだろうか。

　難病のALS（筋萎縮性側索硬化症）に侵されたアメリカの大学教授モリー先生は、最後までジャーナリストで教え子のミッチに火曜日の授業を続けた。そのなかで彼は話す（アルボム、1998）。

> モリー：「対立物の引っ張り合いの話をしたかな？」
> 　　　「人生は、前に引っ張られたり後ろに引っ張られたりの連続なんだよ。何か1つのことをしたいのに、ほかのことをやらないわけにはいかない。何かに腹を立てる、しかし、それがいけないことはわかっている。あることをこんなもんだと考える、あっさり片づけるべきでないとわかっていても。対立物の引っ張り合い。ゴム紐を引っ張るようなもんだ。人間はたいていその中間で生きている。」
> ミッチ：「レスリングみたいですね。」「で、どっちが勝つんですか？」
> モリー：「どっちが勝つって？」
> 　　　「そりゃ、愛さ。愛はいつも勝つ。」
>
> 　　　　　　　　　　　　　　　　　　　（同、44～45頁）

　また、人間関係についてモリー先生は言う。

「覚えているかな、いかにして意義ある人生を見いだすかについてしゃ

べったこと。……人を愛することにみずからを捧げよ、周囲の社会にみずからを捧げよ、目的と意味を与えてくれるものを創り出すことにみずからをささげよ。」(同、130頁)
「人間関係に決まった処方はないよ。愛のあるやり方で調整しなければいけない。当事者両方に機会を与えてね。お互い何を望んでいるか、何を必要としているか、何ができるか、どんな生活かを考え合わせて。ビジネスの世界では、勝つために交渉する。ほしいものを獲得するために交渉する。君はそれに慣れすぎているかもしれないよ。

　愛はちがう。愛は、自分のことと同じようにほかの人の立場を気にかけるものなんだ。」(同、180頁)

　モリー先生は、勝つか負けるかといった勝負の関係で人間を見ていない。意義ある人生を見いだすために、人を愛することに人生を献げよと言う。モリー先生は、ミッチという生徒にいろんな言葉を残して去った。「死で人生は終わる、つながりは終わらない」(同、176頁) という言葉は、ミッチの人生に大きな影響をもたらし、その人間関係が長く続く教師の役割を象徴している。教師は、愛する生徒が幸せな人生を得られることに大きな達成感と生きる意義を見いだしていくのだろう。

第Ⅳ部

道具活用力
――相互作用的に道具を用いる力――

第9章

言葉の力
――関心を持つ――

第Ⅳ部　道具活用力──相互作用的に道具を用いる力──

第1節　「初めに言葉ありき」

　2009年のNHK大河ドラマ「天地人」は、上杉景勝の家臣、直江兼続の物語である。面白いのは、彼の兜の前立てが『愛』という一文字であること。戦国時代にこんな目標を掲げた武将がいたこと自体面白いし、その生き方もまた興味深く、石田三成との熱い友情には涙があふれてくる。

　愛には、人や物への敬意が必要とされる。敬意を持って人に接するとは、対話の中でも相手に敬意を含んだ話し方をしていくことだろう。また、自分の力を伸ばし、自分を大切に考えるなら、自分についても敬意ある表現をしていくことが大切ではないだろうか。その意味で、自己啓発力と人間関係力の両方を高めるために、言葉の力は、非常に大切となる。

　OECDのキー・コンピテンシーに関する提言で重要な点は、キー・コンピテンシーにおける道具の活用が個人と環境の間の能動的な対話にかかせないものであり、人や環境との相互作用の形成を目標として人間の心身を拡張する役割を持つということである。

　「私たちは道具を通じて世界と出会うという考え方が底流にある。これらの出会いが世界を意味づけ、世界との相互作用における有能さを作り出し、変化への対処や新たな長期的課題にどのように対応するかを形作る。したがって、道具の相互作用的活用とは、道具とその活用に必要な技術的スキルをもつだけでなく、道具の活用を通じて確立される新しい形の相互作用を認識し、日常生活において自らのふるまいをそれにしたがって適合させる能力を含意している。」(ライチェンとサルガニク、2006、116頁)

　道具を活用する力としては、1) 言語、記号、テキスト、2) 知識や情

報、そして、3）技術のそれぞれの相互作用的な活用があげられている。本章ではこれらを、教師にとって必要な、言葉の力、科学的思考力、テクノロジーとして考えていきたい。

　まず、言葉の力であるが、OECDの提言では、社会との相互作用を中心に取り上げている。しかし本章ではさらに、他のコンピテンシーとの関係やその力を伸ばす工夫についても考えていく。

第2節　社会に参加するリテラシー

　言葉の力の例として、近年特に重視されているのが、PISAの読解力である。OECD生徒の学習到達度調査（PISA）2012年調査では、読解力が次のように定義されている。

「読解力とは、自らの目標を達成し、自らの知識と可能性を発達させ、効果的に社会に参加するために、書かれたテキストを理解し、利用し、熟考し、これに取り組む能力である。」（国立教育政策研究所、2013a、9頁）

　また、成人の読解力の定義をOECDの国際成人力調査（PIAAC）にみると、

「読解力とは、社会に参加し、個人がその目標を達成し、その知識と可能性を発展させるために、書かれたテキストを理解し、評価し、利用し、これに取り組む能力である。」（国立教育政策研究所、2013b、7頁）

となっている。日本語での読解力という言葉からは、本のテキストを読み

第Ⅳ部　道具活用力——相互作用的に道具を用いる力——

解く力という解釈をしてしまう。しかし、PISAとPIAACのいずれの定義でも、読解力の目標には、学習者が自らの目標を達成し、その知識と可能性を発達させ、社会に参加することが含まれている。

　PISAの定義の後半をみると、「理解し、利用し、熟考する」という段階は、それが問題の中に含まれており、図20に示したような構成をとっている。特に熟考と評価では、「根拠に基づきながら、問題にどのように関わるか」、その考えを書くことが求められる。

図20　読解力の要素

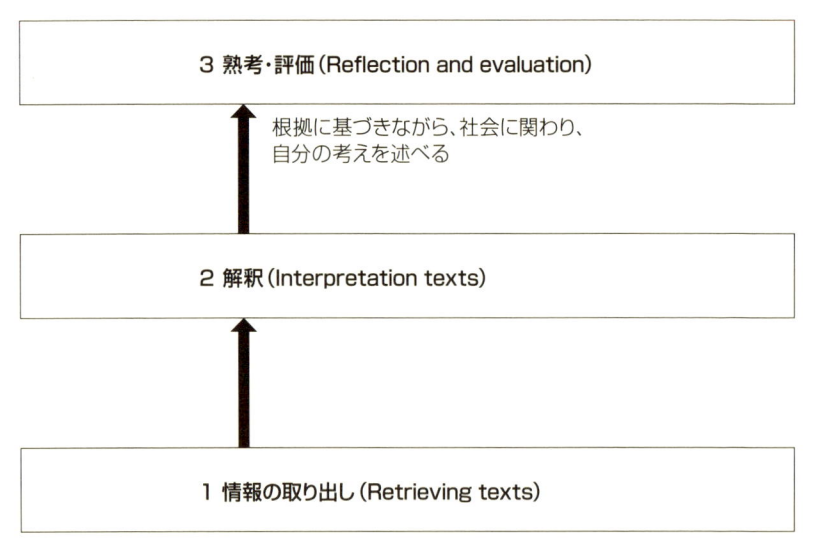

┌──────────────────────────────┐
│ 3 熟考・評価 (Reflection and evaluation) │
└──────────────────────────────┘
         ↑ 根拠に基づきながら、社会に関わり、
           自分の考えを述べる
┌──────────────────────────────┐
│ 2 解釈 (Interpretation texts)   │
└──────────────────────────────┘
         ↑
┌──────────────────────────────┐
│ 1 情報の取り出し (Retrieving texts)   │
└──────────────────────────────┘

　いずれの調査でも、日本語訳として読解力という言葉があてられているが、英語では、リーディング・リテラシーという用語である。ただし、そのリテラシーの意義は、変化を遂げている。伝統的にリテラシーという言葉は、必要最小限の読み書き能力を意味する用語として用いられてきたが、読み書きができるかどうかの二分法の基準はきわめて曖昧であった。

　そこで、OECDは1990年代に国際成人リテラシー調査（IALS）で新た

なリテラシーの概念、特に測定可能なものとしてのリテラシーの概念を用い始めた。そこではリテラシーという概念が読み書きができるという基準だけではなく、理解や活用、熟考といったレベルを含むようになっている。同時に、カリキュラムの内容、特に母語や外国語などの言語に焦点化した排他的な概念から、数学リテラシーや科学的リテラシーの評価を含めた教科横断的な概念になりつつある。

　知識をふりかえり、個人的な目標を達成し、社会へ適切な参加をしているか、の評価を中心にして、いっそう生活に密着しながら、自分自身や社会への「関わり」や「取り組み」を重視するようになってきたのである。

第3節　教育力としての言葉の力

　こうした言葉の力における評価の変化は、教師や指導者にとっても重要である。教師や指導者がどのような教科や専門を担当しているかにかかわらず、どのような教科であれ、生徒のリテラシー、特に読解力や言語力の向上を考えていくことが教育者の教育力向上にとって不可欠のものとなりつつある。

　その一例は、サッカー界にも現れている。日本サッカー協会の田嶋幸三は、JFAアカデミー福島で、ヨーロッパ選手に対抗できるだけの「考えながらサッカーをする」選手の養成につとめている。その著書『「言語技術」が日本のサッカーを変える』で、彼は、優れた指導者になるためには選手以上に言葉の力が必要だという。

　また、「ことばの力とは、先人たちが残してくれた素晴しいことばの数々に触れ、そのことばを土台にして、自分自身のことばを紡ぐ中から生まれてくるもの」だという（田嶋、2007、165頁）。アカデミーでは、「練習は嘘をつかない」「学ぶことをやめたら、教えることをやめなければならない」など身近な指導者や世界の指導者の名言を寮の階段に貼り、階段

を昇る時にいつでも目に入るようにして身体に言葉をしみこませる工夫をしている。

田嶋の方針は近年における言語教育の考え方の転換も背景となっている。丸山圭三郎によれば、言葉とはかつては名前の言い換えや単語を中心に考えられ、教えられていたものが、ソシュールによる言語哲学の新しい展開以後、人の生活感情やものの見方の形成に言葉は大きな力を持ち、文字と音声だけでなく意味と表現が重視されるようになってきたという（丸山、2008）。

田嶋はそうしたヨーロッパにおける言語教育の変化の中で、日本もまた言語教育によって人やものの見方を変えていく必要を主張する。言葉の力を育てることによって、人を尊敬し、ものを大切にする心が形成されるというのである。田嶋の言うように「監督のことばが選手を伸ばす」なら、「教師のことばが生徒を伸ばす」とも言えるだろう。まずは、教師自身の言葉を豊かにすることが求められる。

第4節　言葉が人を育てる

では、どのようにすれば、言葉の力を育てることができるのだろうか。教師が言葉の力を育て、言葉を豊かにするための最も単純な方法は、教師自身が本を読むことである。『読書からはじまる』という本の中で、長田弘は、読書をめぐってその考え方が揺らいでおり、そのために言葉の力も揺らいでいるという。人間は言葉の中に生まれて言葉の中で育っていく（長田、2006）。

「大事なのは言葉で自分を表現することだと、だれもがそう思っていますし、そう言われています。言葉を人間の家来と見なせばそうですが、実際は違うのです。問われるのは、言葉で自分をどうゆたかにできるか

ではなく、自分が言葉をどうゆたかにできるか、なのです。」(同、75頁)

　言葉の言い回しを増やすよりも、自分の考え方や気持ちを限られた言葉にどう込めて表現するか、自分がどんな言葉をどう使うか、言葉を自分のものにしていくために、言葉が作り出す他者とのつながりの中に自分をどう位置づけるか、が大切である。そうした過程を経ながら、人は言葉によって形成されていく存在だと彼は言う。
　その意味でも、本の中に書かれたテキストに自分がどう関わるか、が重要になってくる。

第5節　読書への関わり

　ところで、コンピテンシーについては、「コンピテンシーとは、知識と技能に態度が加わったものである」というわかりやすい定義が最近みられるようになってきた。態度には、動機や意志、関心が含まれている。何かができるようになるためには、まず何かをしたいという、関心や意志が必要となってくる。
　一方、PISAの第1回調査（2000年）でも、リテラシースキルの向上に読書が非常に重要であることが示されていた。さらに、2009年のPISAや2013年に公表されたPIAACでも、書かれたテキストへの関わりの程度や読書への関わりという視点が重要な枠組みとなっている。個人にとっての読書の重要性、読書が生活の中で果たす役割の程度によって、リテラシースキルの格差が生まれてくると考えられている。この「読書への関わり」（reading engagement）について、Guthrieらは、行動的関わりと4つの次元から次の5つの面があるとしている（Guthrie *et al.*、2007）。

1. 読書の量と多様性（行動的関わり）
多く読むほどに多様な読み方をし、読書への関わりが大きくなる。
2. 読書への関心（本質的動機の次元）
情報を得る手段としたり、楽しみのために読書を求めるほどに関わりも大きくなる。
3. コントロール（自律性の次元）
自分からすすんで読み、自分の読書をめざしているという気持ちが大きいほど、関わりは大きくなる。
4. 効率性（自信の次元）
うまく読めていると感じ、新しい文章もうまく読めるという自信が大きくなるほど、関わりは大きくなる。
5. 社会的相互作用（協同の次元）
読書経験を共有したり読んだ本について話す機会が多いほど、関わりは大きくなる。

　また、PISA2009年調査の『評価の枠組み』の日本語訳では、「関わり」（engagement）を「取り組み」と訳しており、読みの取り組みには次の4つの特性を定義している。その4つの特性とは、「読みへの関心」「自律性の認識」「社会的相互作用」「読みの実践」である。「読みへの関心」と「社会的相互作用」は、上記と同じ意義を持つ特性といえる。他方、「読みの実践」とは、読解活動の量やタイプを指す行動的関与のことであり、多様な媒体と多様な内容の読書活動への参加頻度である。上記の「1. 読書の量と多様性」に相当するといえる。また、「自律性の認識」とは、「読みに関わる活動・選択・行動をコントロールし、自ら方向決定しているとの認識」を意味し、上記の「3. コントロール」に相当する（OECD、2010、92頁）。これらの特性の分析結果から、読みに積極的に取り組む人は、「読むことを価値があって興味・関心を持つものであると本質的に考えているだけでなく、読むことは社会的な関係において重要な機能を果たすと

認識している」という（同、93頁）。

　読書への関わりに関するこれらの面は、教員の読書についてもあてはまるのではないだろうか。

　実際、教員がどのような読書を活動を行っているかについて、独立行政法人青少年教育振興機構が行った「子どもの読書活動の推進と人材育成」調査（2011～2012年）によれば、小学校教員、中学校教員、高校教員といった学校段階や担当する教科によってその読書傾向には違いがみられる（青少年教育振興機構、2013）。高校教員は専門書や教養書、新書などの本を読み、読後は関連書やさらに内容を調べたり、深めたりする。他方、小学校教員は教育関係の専門誌を多く読み、本に書かれたことを実践し、同僚や家族に勧める傾向にある。

　教科の準備や仕事に関わるものだけでなくいろんな分野の本を読み、自分の楽しみにしていくだけでも、言葉の力は高まっていく。たとえば、読書が他の人間力の向上に役立つなら、いろんな読書をしていきたいと思うようになる。読んだ本を他の人に話すことで人間関係も好転していくだろうし、教師としての自信はさらに高くなっていくだろう。

第6節　読書のメリット

　たとえば、自己啓発や人間関係力の向上にとって、言葉の力がどのような役に立つかがわかれば、読書への関わりはさらに深く、そして広くなるだろう。

　自己啓発の力には、展望力、物語力、表現力があった。書店では自己啓発コーナーがあるが、自己啓発力を高めるには、他の分野の本も役に立つ。歴史書には先人の知恵があり、世界的なジャーナリストや政治家が書いた本には、世界や未来を見るキーワードや視点がある。SFやミステリーといった物語や伝記には、人の生き方、出来事を形成する言葉や信念、

第Ⅳ部　道具活用力　——相互作用的に道具を用いる力——

科学の進展に伴うまったく新しい見方や描写が含まれる。エッセイや評論、実用書には、多様な語彙、言い回し、すぐに役立つ実践的なスキルが多い。

　人間関係力には、対話、協働、問題解決の力があった。良好な関係を形成する上では、自分の言葉遣いが大切なことは言うまでもない。たとえば、自信とは、自分の有能さを人に言う（あるいは自分自身に繰り返して言う）ことから始まる。人や自分に繰り返して言うことで、自らを元気づける。これが自己評価とすれば、他者を評価する言葉、特に、生徒を励ますには多様な褒め言葉、それも教師自身が心底その生徒を信じる心や日常的な人間観察に基づく言葉かけを行い、毎日同じ言葉ではなく、その生徒の成長や変化の状況に応じた言葉かけが必要となってくる。

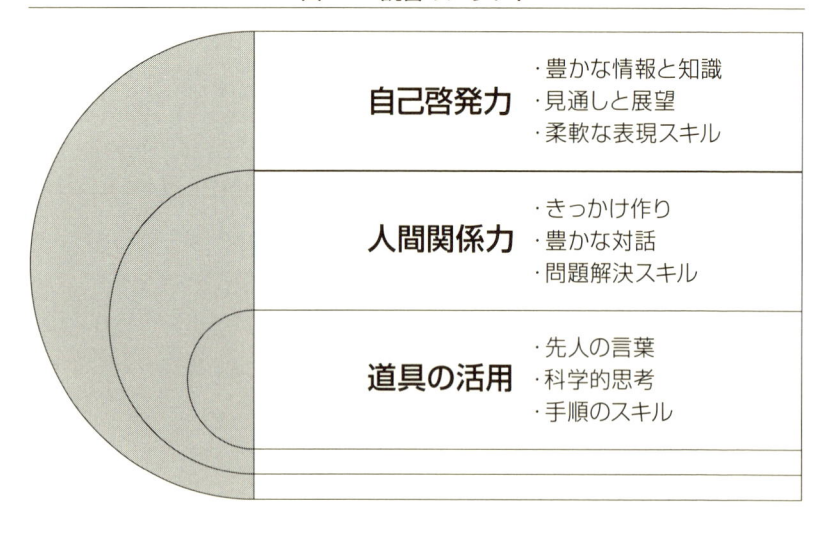

図21　読書のメリット

自己啓発力	・豊かな情報と知識 ・見通しと展望 ・柔軟な表現スキル
人間関係力	・きっかけ作り ・豊かな対話 ・問題解決スキル
道具の活用	・先人の言葉 ・科学的思考 ・手順のスキル

　協働のためには、知識や目標を共有することが重要であり、生徒や同僚の教師、校長、保護者と共通に理解できるわかりやすい言葉が必要だろう。そうした言葉を生活の中にいつも目に見えるようなラベルとしてお

第9章　言葉の力 ――関心を持つ――

き、覚えていくことが大切になる。問題解決のためには、問題を共有する知識やスキルの共有だけではなく、生徒自身が自分で問題を解決できるヒントの言葉、学習のヒントをどう示すかが求められる。教師の人間力向上へのヒントも、いろんな本の中に隠れているに違いない。

第10章

科学的思考力
―― 専門家になる ――

第Ⅳ部　道具活用力 ——相互作用的に道具を用いる力——

第1節　知識を活用するスキル

　PISA型学力の導入といわれる新しい学習指導要領での大きな変更点は、記憶した知識の量や理解の深さからだけで学力が評価されるのではなく、知識や情報をどれだけうまく活用できるかという評価が加わっている点である。知識基盤社会といわれる現代産業社会の性質を教師が理解していれば、こうした活用型の学力がますますその重要性を高めていることがわかる。

　筆者を含めて1950年代や60年代に生まれ育った世代にとって、20世紀後半の社会は工業社会の発展上にあり、知識は研究機関や大学が生み出すものという前提があった。そして、定型化した知識をどれだけ記憶しているか、正しい1つの答えを選択し、考えればいい時代であった。

　しかし、第1章で詳述したように、後半四半世紀の80年代から90年代において、高度な情報技術の進展から知識基盤社会が出現してきたこと、産業構造もまた知識集約型の産業が大勢を占める社会になって21世紀を迎えた。こうした社会では、知識の生産が研究部門だけではなく、実践的な現場や企業、地域社会でも行われるようになってきた。そのプロセスもまた、知識の生産から普及、活用がメディア技術の発展を伴ってきわめて急速に行われるようになってきた。問題に対する答えは複雑化し、その答えも1つが正しいという社会ではなくなってきたのである。

　『知識の創造・普及・活用：学習社会のナレッジマネジメント』と題したOECD教育研究革新センターの報告書によれば、こうした知識社会においては、学校もまた知識生産の場となり、その普及や活用が頻繁に生じる場になりつつあるという。ところが、そうした変化に対応できていないのが教育セクターであり、また教育学であることをこの報告書は指摘している。知識基盤社会の性質については、知の共有化、知識の移転、学習す

る組織という3つの視点を述べたが、学校や家庭、地域社会でも知識のマネジメントが重要な課題となってきている。特に、教師自身が自らの知識を運営、高度化し、生徒以上に知識を活用できる知識とスキル、態度が求められるようになってきているのである。

第2節　知識と情報の相互作用的な活用

そこで必要とされる言語力に関わるコンピテンシーの3つめが、「知識と情報を相互作用的に活用する力」であり、次のような力が求められる。

- 何がわかっていないかを知り、特定する。
- 適切な情報源を特定し、位置づけ、アクセスする。
- 情報の質、適切さ、価値を評価する。
- 知識と情報を整理する。

この具体的な力としては、科学的なリテラシーがあげられる。科学的リテラシーといえば、算数・数学や理科、物理や生物教科の担当教師だけが必要なものと考えてしまうが、知識を科学的に扱い、科学的な思考をするという点では、すべての教科にも役立つ力なのである。決して、科学的リテラシーが生徒だけに求められるものではなく、教師が一人の市民として、そして教科や専門的知識を扱う教育の職業的専門家として必要なのである。

PISA2009年調査では、科学的リテラシーを次のように定義している。

科学的リテラシーは、個々人の次の能力に注目する。
- 疑問を認識し、新しい知識を獲得し、科学的な事象を説明し、科学が関連する諸問題について証拠に基づいた結論を導き出すための科

学的知識とその活用。
- 科学の特徴的な諸側面を人間の知識と探究の一形態として理解すること。
- 科学とテクノロジーが我々の物質的、知的、文化的環境をいかに形作っているかを認識すること。
- 思慮深い一市民として、科学的な考えを持ち、科学が関連する諸問題に、自ら進んで関わること。

(国立教育政策研究所、2010b、167頁)

　この科学的リテラシーの定義とその評価の中心には、科学及び科学的探究を特徴づけるコンピテンシーがある。このコンピテンシー（能力）として、「科学的疑問を認識し、現象を科学的に説明し、証拠に基づいた結論を導き出すこと」（同、170頁）の3つが求められる。

　また、なぜ市民にも科学的リテラシーが必要とされるのか、この点については次のように述べられている。

　「一般の市民は通常、科学に関する主要な理論や潜在的な発展についての価値判断を求められることはない。しかしながら、広告における事実、法的問題における証拠、健康に関する情報、地域の環境や天然資源に関する疑問点を基盤として意思決定することを求められる。教養ある市民は、科学者が答えられる種類の疑問及び科学に基づく技術によって解決できる種類の問題と、このような方法では答えることのできないものとを区別できなければならない。」（同、165頁）

　実際、市民としてのリテラシーとして、健康、天然資源、環境、災害、科学とテクノロジーのフロンティアが知識の内容として提示されている。そして、このリテラシーには、1）科学的な疑問を認識する、2）現象を科学的に説明する、3）科学的証拠を用いる、という3つの段階がある。各

段階では、次のような力が求められる（同、179頁）。

1. **科学的な疑問を認識する**
   - 科学的に調査可能な疑問を認識する。
   - 科学的情報を検索するためのキーワードを特定する。
   - 科学的な調査について、その重要な特徴を識別する。
2. **現象を科学的に説明する**
   - 与えられた状況において、科学の知識を適用する。
   - 現象を科学的に記述したり解釈したりして、変化を予測する。
   - 適切な記述、説明、予測を認識する。
3. **科学的証拠を用いる**
   - 科学的証拠を解釈し、結論を導き、伝達する。
   - 結論の背景にある仮定や証拠、推論を特定する。
   - 科学やテクノロジーの発展の社会的意味について考える。

　人文学や芸術の領域を教える教師にとっては、こうした科学的思考よりは、直感的な知識や技芸の方が重要という考え方もあるかもしれない。しかし、高校生レベルでこれだけの水準が求められ、市民の教養として科学的なリテラシーが必要とされるとするなら、そうした分野の教師にも必要なリテラシーといえる。また、社会科学や自然科学を教える教師にとっては、きわめて基本的なリテラシーともいえるだろう。

　特に、最後の「科学的証拠」については、市民としてだけではなく、行政職や管理職、ビジネスパーソン、医者や弁護士、政治家などあらゆる職業人に、「実証的な根拠に基づき考え説明する力」が求められるようになってきた。

第Ⅳ部　道具活用力 ──相互作用的に道具を用いる力──

第3節　根拠に基づき考える

　知識のマネジメントが開発された背景には、医学において進展した知識管理や科学技術の発展があった。特に医学の世界では、直感的な技能だけには頼らず、科学的な根拠（エビデンス）に基づく理論や技術の発展が重視され、国際的にも実証的な根拠に基づく医療が進められている。そして、政治や経済、教育の世界でも、実証的な根拠に基づく実践や政策が求められはじめている。

　教育研究者の岩崎久美子は、医療セクターと比較しながら、教育面でのエビデンスに基づく政策の重要性を指摘し、エビデンスに基づいた実践・政策への動きが求められる理由として、次の点をあげている。

「第一に、透明性ある政府、情報公開といった世の中の動きに対し、政策決定者が政策の妥当性を根拠あるデータで国民に説明する道義的義務とそれに対する社会認識が高くなってきていること、第二に、昨今の財政状況から、実証性のない社会・経済的施策が結果として経費の無駄に帰結するというアカウンタビリティに応じた政策効率性の問題が生じてきていること、そして、第三に、省庁や地方公共団体の組織文化の中での長年の経験や蓄積に基づき行われてきた従来の政策立案に対し、知識伝達やコミュニケーションスタイルの変化、政策決定システムの透明性志向により、政策立案の根拠としてデータに基づく意思決定・判断の明断さが望まれてきていること。」（岩崎、2009、17頁）

　特に、科学的手法による根拠の明示は、単なる恣意的な意見に基づく政策（opinion-based policy）よりも、妥当性や信頼性が高く、政策の透明性を高める効果を持つことは確かであろう。

第10章　科学的思考力——専門家になる——

　これを学校にあてはめれば、透明性ある学級経営・学校経営やカリキュラムの妥当性・適切性の説明責任の義務、効果的な学習や教育技術の向上、経験的な立案や教授法だけではなくデータに基づく教育的な意思決定や判断にとって、実証的な根拠が重要になってきたといえるだろう。実証的な根拠としては、統計的なデータだけではなく、史実や実験結果、データに基づく理論もまた考えていく必要がある。こうした実証的な根拠としての知識や情報をどう整理し、活用するかということを考えていくことが教師自身の知識のマネジメントとなる。

第4節　知識ベースの更新

　ただ、実証的な根拠に基づくデータを示すだけでは、多くの人の理解を得ることは難しい。それが、生徒であれ、他の人であれ、人を相手に説明する時には、データという冷静な事実に加えて、個人的経験を交えた話により共感性や親近感を生み、イメージに定着するようなわかりやすい話にしていくことも重要である。

　さらに、教師自身が、自分の知識のマネジメントを行いながら、知識や技能の更新をしていく際には、自分の知識や技能を個人的な知識ベースとして記録できるようなノートやパソコンを媒体として利用していきたい。多様な言葉やイメージを蓄積し、体系的に整理していくことができれば、自分自身の知識ベースを作り上げていくことができる。

　ここで重要な点は、コンピテンシーとして前章で取り上げたリテラシー・スキルの活用である。PISA型学力といわれるリテラシーには、科学的なリテラシーだけではなく、数学力（ニューメラシー）や問題解決能力、そして同じリテラシーとしての読解力にも文章リテラシーと図表のリテラシーがある。これらの構造をみると、そこには、再現、関連づけ、熟考というレベルがあったり、原因や効果、問題と解決、比較と対照、分類

と例、全体と部分といった種類の概念分類がみられる。また、数学的な概念にも、空間と形、変化と関係、量、不確実性といったものが含まれている。これらは、それぞれの学問分野における知識の構成要素と関係しており、それぞれの教科の教材を作成する際に、参考となる概念分類である。

図22　わかりやすい話（イメージへの定着）

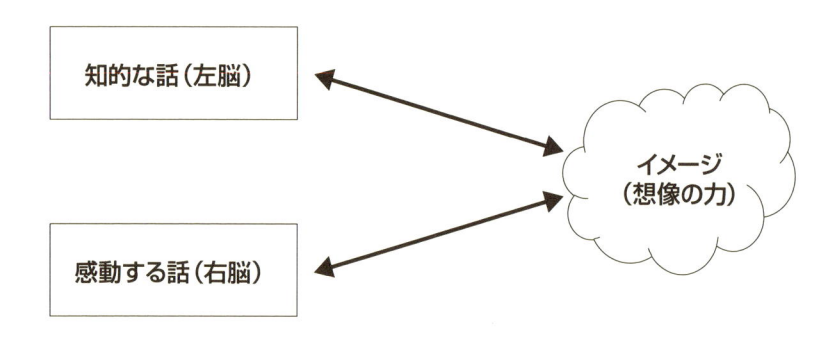

教師は、普段すでに出来上がった知識を教えたり、出来合いの教材を用いることも多い。しかし、教える児童・生徒に適した教材や方法を工夫する教師も多くみられる。同じ教育内容であっても、自分の教育力向上のためには、既存の知識を体系的に蓄積する一方で、既存の知識や情報を組み合わせて新たな教材を作る工夫も求められる。また、いろいろなメディアを用いながら、同僚の教師と教材を共有したり、協働で新たな教材を作ることもあるだろう。そうした授業の工夫の中で、教材や知識の学習効果を科学的に考えていくことも求められる。教育学や教授法についての新たな知識やスキルを創造する試みを、多くの教師が一人で、あるいは同僚の教師と、時には研究者との共同で続けている。

第10章　科学的思考力──専門家になる──

　こうした新たな知識の創造を行うためのプロセスがナレッジ・マネジメントと呼ばれることがある。このナレッジ・マネジメントには、次の7つの面があるとされる（OECD教育研究革新センター、2012）。

1) **知識の創造**：新たな知識が創造される。
2) **確証性の確保**：その知識が確かなものかが評価される。
3) **多様なコードとの照合**：どのような領域でその知識が有効か、各領域のコードとの照合が行われる。
4) **知識の普及**：一定領域で有効性が認められた知識が普及する。
5) **個人や組織での採用**：いろいろな領域の個人や組織でも採用される。
6) **実践**：多くの個人や集団、組織で次第に実践例が増えていく。
7) **定着化**：その知識が社会に定着する。

　いろいろな教室で実験的に行われる新たな知識や方法について、その効果の有効性が認められるようになってくると、多くの学校で取り入れられるようになる。一定の学習法や教授法が多くの組織で採用され、実践例が増えていくが、本当に有効なものならば、次第に各学校のカリキュラムやプログラムの中に定着していくだろう。

　教師自身が自分で知識を創造する活動から実証的な確証を得たり、言語や体系的な理論、ルール、法則との照合を行ったり、本や教材で人に伝えたり、実際にその知識・技能を日常的に採用したり実践したり、学校や家庭でその知識・技能の定着化・制度化を図ること、それが専門家としての教師自身による学習活動である。その学習の力を向上していくことが教師自身のコンピテンシーの向上になっていく。

　本章までに展開したコンピテンシーの学び方をふりかえると、次の段階として、コンピテンシーを学習の内容や形態に応じて組み合わせて学ぶ工夫ができる。図23には、学習形態を変えることによって、どのようなコ

ンピテンシーを高めることができるかを示した。まずは、基本的な知識・技能の学習として、読解リテラシーや数的リテラシー、あるいは科学的リテラシーの習得がある。個人的な力が、多くの実践や経験による学習を通じて伸びていく。その際に、自律的なコンピテンシーである自己啓発力がさらにアクセルとなって働く。また、一定の知識やスキルも経験の中での活用を通じて磨きがかかるだけではなく、他者との協働によって、いっそう集団と個人のコンピテンシーは向上する。一人の学習者の暗黙知が誰もが見えるような形式知となって広まると、集団自体の学習力も向上していく。一人のアイデアが、他の人のアイデアとつながり、また新しいアイデアが生み出されていく。組み合わせは創造活動の基本的な仕掛けだから、個人から集団へ、そして多様なコンピテンシーの組み合わせが新たな創造的コンピテンシーを生んでいくのである。

図23 学習形態の変化に伴うコンピテンシーの向上

学習の形態	コンピテンシー
知識・技能の学習	言語力
実践・経験による学習	自己啓発力
活用による学習	↓
相互作用による学習	
学習組織・チームの形成	人間関係力

# 第11章

テクノロジー
───スキルを磨く───

第Ⅳ部 道具活用力 ——相互作用的に道具を用いる力——

第1節　科学からテクノロジーへ

　人は幼年時に、疑問があれば無闇に質問をしていたが、大人になるにつれ次第に熟慮を増していく。受験や仕事、子育てなど生活上の問題が増える以上、本来なら疑問はさらに多くなるにもかかわらず、その答えを知らずに過ごし、問題が解決さえすれば生活に不要な疑問の答えを求めようとはしなくなる。実際、学習内容も疑問とその回答というような知識や説明を得ること以上に、実際的で具体的な問題解決に迫られる。「なぜ？」や「何？」といった疑問とその回答を調べる学習と、「どうすればできるか」という問題を解決する学習とは、その点で異なる内容であることに気づく。

　物事の理解を深めるだけではなく、問題の解決を図るための方法や作戦を計画し、解決策を考え、改善していくプロセスで新しいアイデアや方法を生み、そして問題解決のために使用する道具や技術が変わるにつれ、決して解答はひとつではなく、いろいろな解決策を考えるようになっていく。科学が疑問を発してその回答や説明を求めるものであるのに対して、技術というものは時代や道具の進歩につれて変わるから、改善策も変化していく。図24に示したように、科学がどちらかといえば、説明という行為を中心とするのに対し、テクノロジーは実際問題の解決を図ることが重要な行為となっている。

　たとえば、携帯電話は、組織や場所に電話を一台という状況から一人一台多様な場所で用いる時代をもたらし、オフィス機能を備えた機動的なワークステーションともいえる「テクノロジー」である。今では時計や眼鏡以上の人工器官として携帯電話を使い、世界と対話する方法も変化している。ニュースや天気など最新の詳しい情報を得て、通話やネットで情報も発信できる。ナビゲーション、スケジュール調整、経費計算、価格調査な

第11章　テクノロジー──スキルを磨く──

ど日常の簡単な問題もこのテクノロジーで解決している。単に情報を収集し必要な知識を持つためだけではなく、自分の生きる環境や目標とする活動に応じて、世界との適応や調節を図る道具としてテクノロジーを利用しているのである。使いやすく、楽しい道具やテクノロジーを用いることで、洗練された教育や生活を作り出そうとしているのである。

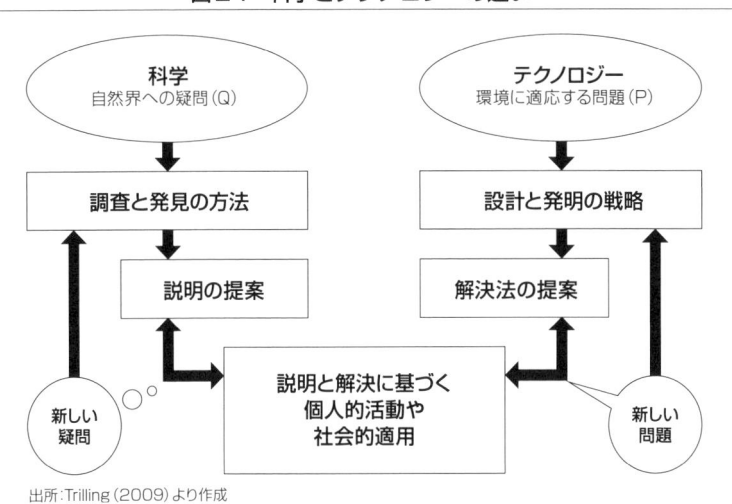

図24　科学とテクノロジーの違い

```
    ┌──────────┐           ┌──────────────┐
    │   科学    │           │  テクノロジー  │
    │自然界への疑問(Q)│       │環境に適応する問題(P)│
    └────┬─────┘           └──────┬───────┘
         ↓                         ↓
    ┌──────────┐           ┌──────────────┐
    │調査と発見の方法│         │設計と発明の戦略│
    └──────────┘           └──────────────┘
         ↓                         ↓
    ┌──────────┐           ┌──────────────┐
    │ 説明の提案 │           │  解決法の提案  │
    └──────────┘           └──────────────┘
              ↘         ↙
         ┌─────────────────┐
    新しい│説明と解決に基づく│ 新しい
    疑問 │個人的活動や      │ 問題
         │社会的適用        │
         └─────────────────┘
```

出所：Trilling（2009）より作成

　テクノロジー（技術）という言葉には、機械やハードウェアだけではなく、システムや組織的手法などのソフトウェアもまた道具として利用する意味が含まれている。こうした制度的なテクノロジーを含めて、テクノロジーの進歩が教育や人間関係をどう変えるかを教師が考え、そうした進歩的テクノロジーをどう教育に活用するかが教師に問われている。教育がテクノロジーとどう関わるかという問題である。

第Ⅳ部　道具活用力──相互作用的に道具を用いる力──

第2節　新しい形の学び方や働き方

　情報通信テクノロジー（ICT）の急速な進歩は、20世紀後半にその加速度を増した。電子計算機のミニコン化、言語学習プログラムや日本語辞書の開発、漢字変換方式の工夫などのテクノロジーの進歩によって、ひらがなや漢字の処理可能なパソコンや日本語用文節変換ソフトによって、ワード・プロセッサー処理のできるパソコンやワープロの普及が1980年代に始まった。かつては専門学校で和文タイプライターの技術を学び資格を取った和文タイピストという職業もあった。しかし、今では和文タイプという技能がパソコンを利用する人の必須のスキルとなり、資格もワープロソフト検定へと変化している。技術の変化によって、働き方や学び方が変化しているのである。

　教育の領域でも、ICT機器の操作スキルの教育が情報リテラシー教育の基礎的内容として重視されたが、機器操作の習得がやさしくなるにつれ、むしろ、技術を扱うスキルをどう新しい状況に適用するかが重視されはじめた。新しい技術の目的や機能を総合的に理解し、その可能性を考えることが技術の習熟以上に重視されはじめている。特に人間としての成長を考え、環境に適応する力を伸ばすために重要な点は、技術がどのような人間の学習能力を向上させるかという問いである。

第3節　テクノロジーの向上

　教師であれ生徒であれ、ICTを生涯にわたり学習活動へ利用していくためには、生涯学習者としてこのテクノロジーを利用し、技術の変化に対応していくことが求められる。たとえば、リテラシーとしてこの課題をとら

えれば、読解力と同様に、オンライン上のテキストへの関わり、テキストを深く読む力も必要となってくる。これをICTリテラシーと呼ぶとすれば、その関わり方にもまた、次の5つの面があるといえる。

1) ICTへの関心
2) ICTを使う量（時間や種類）と多様性（多様なメディア利用）
3) コントロール（自由に使える環境の創出）
4) 効率性（うまく使えるほど関心は大きくなる）
5) 社会的相互作用（コミュニケーションの道具として、計画や表現の道具としての活用）

このそれぞれの面でのテクノロジーへの関わりが大きいほど、ICTリテラシーも高まっていくことになる。

だが、一方で仕事や生活の上で関わりがなければ、つまりICTを使う必要性が低ければ、その人のICTリテラシーも減少していく。大人になると、書いたり読んだりする必要がなければ、だんだんと文章能力が落ち、本も読まなくなるのと同様である。国語や数学の教師よりは、理科の教師の方がICTをよく用いているという結果もある。日々、運動していなければ体力が落ちていくように、知らない間に社会の学習技術の進歩に遅れて、教育や学習のテクノロジーも落ちていくのである。

第4節　教育実践への活用

世界中の学校でのICTの教育的利用状況を調べたSITES2006（第2回IEA国際情報教育調査）では、ICTが教師に与える各種の影響を表2のようにまとめている。教授の強化、生徒とのフィードバック、協同の強化、技能の向上、管理効率といった点での影響と同時に、マイナス面での影響

第Ⅳ部　道具活用力——相互作用的に道具を用いる力——

もあるというのである。

　この調査では、ICT利用の調査結果から、教育的取り組みの変化を分析した。その結果の因子分析から、ICTの利用傾向として、伝統的教育活動への活用（従来の教育活動への活用）と生涯学習への活用（生徒自身による自律的学習活動）の2つが抽出された。一方で大きな問題点として、学校におけるコンピュータの不足が目立っているという点に続き、ICTについての教師の知識不足と技術不足があげられている。そのために教師全員の研修機会の提供を目標にしているにもかかわらず、ほとんどの国でわずかな学校しかその目標を達成していないという状況が明らかにされている。

表2　ICT利用が教師に与える各種の影響

教授の強化	学習指導の新しい手法の導入 学習をまとめる方法の導入 多様で質の高い教材の入手
生徒とのフィードバック	個別のフィードバックの提供 学習進捗状況の把握
協同の強化	学校内の同僚との連携 学校外の仲間や専門家との連携
ICT技能	ICT技能の向上
管理効率	管理業務の効率化
否定的影響	仕事量の増加 仕事のプレッシャー増大 教師としての仕事の効率性低下

出所：国立教育政策研究所（2009）139頁より作成

　しかし他方で、新しい教育実践に関する事例報告では、教師は生徒の活動を把握しながら、生徒の学習のための仕組み作りを行い、助言や行動の評価を行いながら、他の教師との協力や学校外部の専門家との協力を進めていることが明らかにされている。以上の点を踏まえ、ICTの導入が教育

第11章　テクノロジー——スキルを磨く——

をどう変化させているか、についていくつかの活用法を検討しておくことにしたい。

4.1　情報へのアクセス

ICTの最も大きなメリットは、情報へのアクセスがきわめて容易になり、しかも大量の情報を得ることができるようになった点であろう。それは、新しい情報や体系的な知識を得ることが中心であった受動的な学習活動に代わって、自発的で自主的な学習活動の発展に大きく貢献する。だが他方で、大量で広範な情報への瞬時のアクセスのためには、アクセスのスキルの向上を必要とする。いわば、情報や知識の調べ方の技術が学習では非常に重要になってきたといえる。しかし、多様な教科や教材内容については、生徒の疑問の種類に応じて調べ方も異なってくる。

たとえば図書館に固有のサービスとしてレファレンス・サービスがあることは知られているが、一般市民でもどのような本を読めばいいかだけではなく、日常的な疑問に答えるいろいろな情報へのアクセス法を提供してくれている。

そうした調べ方のデータベースに、国立国会図書館のレファレンス協同データベース（*http://crd.ndl.go.jp/jp/public/*）があり、これは各教科における調べ学習にも役立つものである。

4.2　授業のためのICT利用

教師自身の教育的利用法としては、ICT授業の準備、ネットによる教材の発見や学習の支援、学習活動の把握と評価、指導のプレゼンテーション、他者との協同作業などがある。

他方、生徒が学習に利用する方法としては、ワープロソフトによる文書作成、プレゼンテーション資料の作成、表計算ソフトによるデータ処理、

画像の加工、教育ソフトの利用、WEB利用、メール利用、学習支援、オンライン講義などがある。

いずれの場合でも、情報環境の状況によっては、伝統的技術との併用を図っていくことが求められる。ただ、重要な点は、テクノロジーを使うことだけが教育や学習の目的ではなく、何をどう教え、学んでいくかに応じて、テクノロジーを活用するという点である。

たとえば、カリキュラム開発の基本単位に授業の単元がある。単元の構成要素には目標や内容、活動、教材、評価などがあるが、各要素の決定のために、目的として育てたい力や具体的な単元モデルを考える。各学校あるいは各教師ごとにそれぞれ「問題把握 - 問題追求 - 自己評価」「ふれる - つかむ - むかう - いかす」「考える - 関わる - 気づく - 考える」といった枠組みを設定し、各教育・学習活動に応じた教材や評価手法を用意する。この単元開発のカリキュラムにICT技術をどう活用するかを考えるのである。

また、児童や生徒の学習法への活用としては、知識や情報を記録する伝統的なノートとしての使い方以上に、アイデアを作る技術としてICTを活用するのもいいだろう。伝統的なノートの取り方には、一字一句そのまま書き写す文章形式、箇条書きのリスト形式、内容を要約し分類する形式があるとされる。しかし、ノート法として最近注目を浴びている「マインドマップ法」を、紙ノートで練習した後にICTで展開することも面白いだろう。

4.3　人間関係の形成

学校・学級経営、カリキュラムの作成、教科の学習だけではなく、他者との関わり方をどう学ぶかもICTの重要な課題である。近年、仮想コミュニティを利用する児童や生徒の増加に伴い、「ネットいじめ」の問題も浮上してきている。この問題については、「青少年が利用する学校非公式

サイトに関する調査報告書」(*http://www.mext.go.jp/b_menu/toukei/001/index48.htm*、文部科学省、平成20年3月)」にその状況や課題が詳しく述べられている。学校内外での友人関係の形成にどうICTを活用するかという問題とともに、教師間のネットワークの形成や専門家の協力によって学校外資源の活用を図ることも課題となっている。

4.4　日常生活での問題解決

　授業や生徒の指導を含めて、教育をめぐる多様なテクノロジーの進歩とそれが引き起こす問題に思慮深く対応することも、教師の技術的な力といえる。私たちが新しいテクノロジーに慣れ、新たなテクノロジーを日常の教育的実践に組み込むことが求められる。こうした問題への対処を問題解決力というならば、それは人間関係力で述べた交渉の力を含めたいっそう広い解決力ということができる。

　2013年に結果が発表された国際成人力調査（PIAAC）では、こうしたコンピテンシーを「ITを活用した問題解決能力」として、次のように定義している。

> 「情報を獲得・評価し、他者とコミュニケーションをし、実際的なタスクを遂行するために、デジタル技術、コミュニケーションツール及びネットワークを活用する力。」（国立教育政策研究所、2013b、17頁）

　ここには、疑問に回答するという科学的側面だけではなく、いろいろな問題をどう解決するかという技術面での解決策をICT活用の力に求めていることがわかる。特に注目したい点は、他者と十分なコミュニケーションをとり社会的なネットワークを活用するため、つまり対人的で社会的な相互作用のためにICTを用いることが強調されていることである。

　キー・コンピテンシーの定義では、道具を活用する力とは、「相互作用

第Ⅳ部 道具活用力——相互作用的に道具を用いる力——

的に道具を用いる力」であり、いつもの場所にいながら、世界中の人々とのつながりを増し、ネットワークを形作り、他の人との対話の可能性を広げていくことである。そのためにも、テクノロジーの可能性を考えていくことが求められる。

「利用者が技術の性質を理解してその潜在的な可能性について考えれば、技術はいっそう相互作用的に用いることができる。もっと重要な点は、こうした技術的な道具に眠る可能性を人が自分たちの状況や目標に関連づけていく必要性である。その第一歩は、人が自分たちの共通の実践の中に技術を組み込んでいくことであり、そうすれば技術への親近感を高めてその活用の幅をいっそう大きなものにしていくことができよう。」（ライチェンとサルガニク、2006、212頁）

教師がテクノロジーの性質を理解し、その潜在的可能性を考え、教育目標に関連づけながら、教育の実践の中でどのように活用できるか、を考える。その時、テクノロジーを相互作用的に活用するための第一歩は、日常の教育実践に組み込むことからはじまる。

20世紀以降の教育学の研究成果をまとめたOECD教育研究革新センターの報告書『学習の本質：研究の活用から実践へ』によれば、テクノロジーを活用した教授法の中心的課題は、学習者の活動的な認知的処理を、学習者の認知的な収容能力に負荷をかけずに支援することにある、という。たとえば、この認知的な負荷を減らすという目標の1つに、無関係処理の減少という工夫がある。無関係の処理を減らすテクニックには次の5つの原則がある（OECD、2013、225頁）。

1) **一貫性**：無関係な素材を減らす。
2) **シグナリング**：本質的な素材を目立たせる。
3) **冗長性**：ナレーションのついたアニメーションにはテキストを付加

140

第11章 テクノロジー ――スキルを磨く――

しない。
4) **空間的近接性**：対応する画像の隣に活字を置く。
5) **時間的近接性**：対応するナレーションとアニメーションを同時に提示する。

この他にも、テクノロジーを活用して学習を支援する工夫の研究が進んでいるが、注意したい点は、どのようなメディアが最も効果的か、という研究よりは、どのような教授法が最も効果的か、という研究の方がいっそう学習を育む可能性が高いという点である。教授法あってこそのテクノロジー、しかし、テクノロジーによって学習の効果を高める可能性があるという点に留意しておくことが重要なのである。

たとえば、近年、投資組織に勤務していたサルマロン・カーンという一人の青年がいとこの家庭教師をするために、テクノジーを利用した。彼は、その教授法が面白くなり、オンラインの動画サイト「ユーチューブ」に数学のレッスンの動画を投稿したことからはじめ、「カーン・アカデミー」という教育事業を展開した。その事業の興味深い点は、単にテクノロジーを使うということだけではなく、自宅で講義を受け、教室で宿題をするという反転式の学習スタイルを導入したことである。2004年当初いとこ一人だった生徒が、2012年には600万人以上の生徒を集めることになる。彼はテクノロジーには大きな潜在力があるが、その活用のためには教育システムを見直すことが重要だと指摘する。彼のテクノロジーへの視点は次のように記されている。

「私が思い描く学校は、テクノロジーのためのテクノロジーとしてではなく、概念的理解を深め、質の高い教育をあらゆる場所で実現し、教室に人間らしさを取り戻すための手段としてテクノロジーを導入します。先生方を退屈な仕事から解放し、本当の意味で教えるための時間を増やすことで、先生の地位と意欲を高めます。生徒にもっと独立性や主体性

を認め、みずからの教育に当事者意識を持たせます。年齢別クラスにこだわらず、仲間どうしの教えあいを促すことで、若者が大人としての責任感をはぐくむチャンスを与えます。」(カーン、2013、245～246頁)

　彼もまた、テクノロジーを用いる時に重要なことがどのような教授法のもとで使うかという点であると強調している。彼の教育法が時に「反転授業」と呼ばれ、授業時間内での相互作用を増し、講義において生徒の自主性が尊重されたとしても、年齢別集団で、生徒をほぼ同じペースで動かすという点には変わりないと警告する。時間と費用の管理の問題が、教育においても重要なことを彼は指摘する。質の高い教育を行うための可能性を彼はさらに追求しているが、そこで彼が理解した1つのことは、「新しいことを学ぶ能力が何にも増して大切になる」という点であった。大人の学び続ける力の特質が、その経験を踏まえて物事を関連づけて学ぶことにあると彼は指摘する。

第Ⅴ部

学び続ける教師のために

第12章

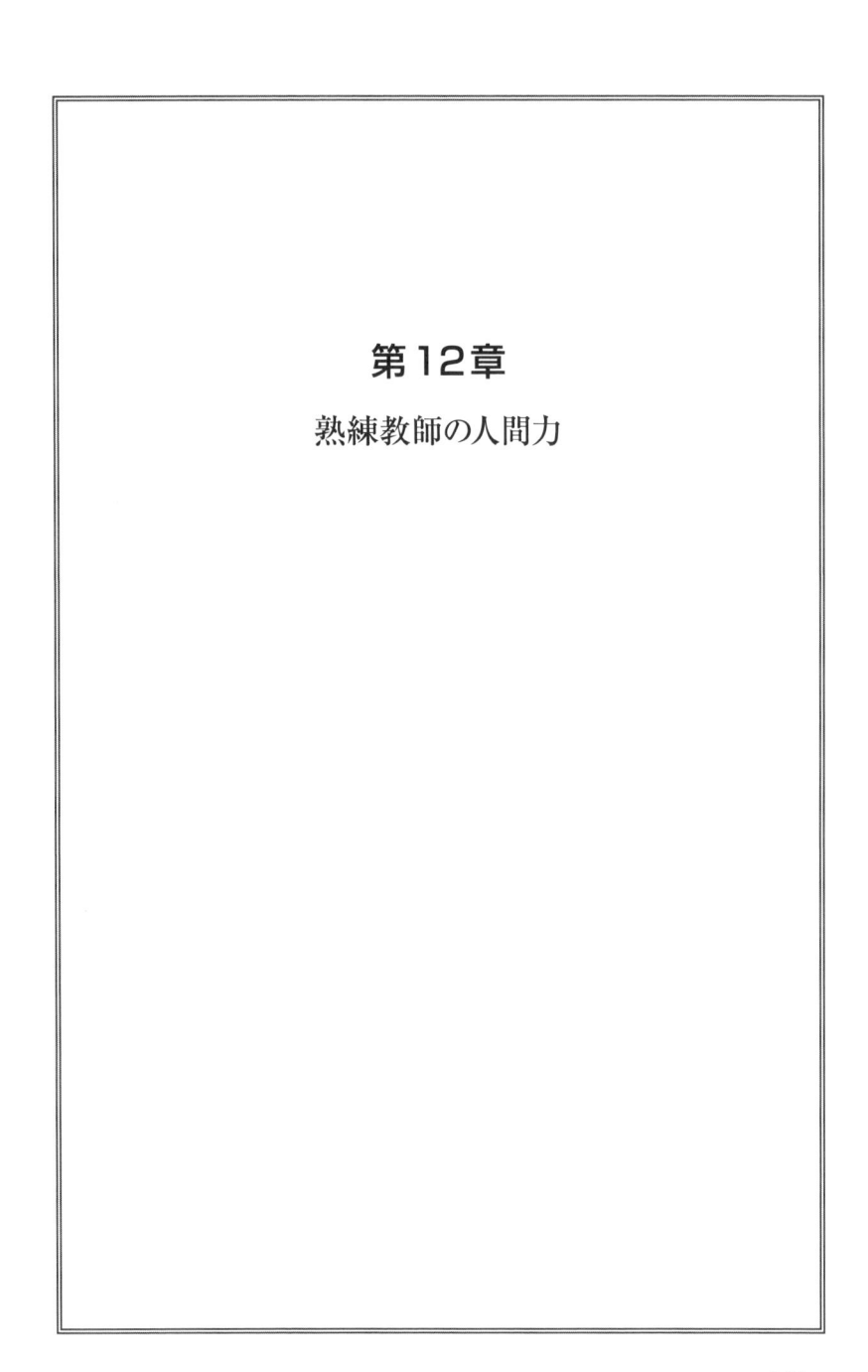

熟練教師の人間力

第Ⅴ部　学び続ける教師のために

第1節　再び、キー・コンピテンシーとは

　本書では、OECDのプロジェクトで提出されたキー・コンピテンシーという考え方を、教師の人間力としてどう活用すればよいかについて考えてきた。キー・コンピテンシーとは、相互作用的に道具を用いる力、異質な集団で交流する力、自律的に活動する力の3つである。そして、各コンピテンシーの核心に、省察の力（反省性、reflectiveness）、つまり思慮深く考える力がある。

　これまでの章で、この3つを、自己啓発力（1. 展望力、2. 物語力、3. 表現力）、人間関係力（1. 対話力、2. 協働力、3. 問題解決力）、道具活用力（1. 言葉の力、2. 科学的思考力、3. テクノロジー）としてとらえ、それぞれの力の活用を考えてきた。このキー・コンピテンシーにおいて、人や道具との相互作用性が重視される理由は、その相互作用が教師自身の効力感や有能感を生み、より積極的なコンピテンシーを高める活動につながるからである。自分が人や環境に効果的な影響を及ぼしている感覚を持つ時、その人は大きな動機づけを得られる。この効力感は、自信や自尊心と深くつながっている。

　学校や教室の現場で日々教授活動や教育活動を行う教師にとって、そのキー・コンピテンシー、すなわち人間力とは、生徒や管理職との関係を作りながら、生徒に教えるという行為を通じて、教師としての専門性、社会的な効力感を高めながら、人間的成長を図っていく力である。自身の人間的成長を図りながら、生徒や保護者、管理職など周囲の人々と一緒に発達していく関係がそこにあるのが理想である。

　この考え方を実際の教育政策やカリキュラムに反映しているのがニュージーランドである。ニュージーランドが国際的なPISA調査でもなぜいつも上位にあるのか、その理由を探ろう。

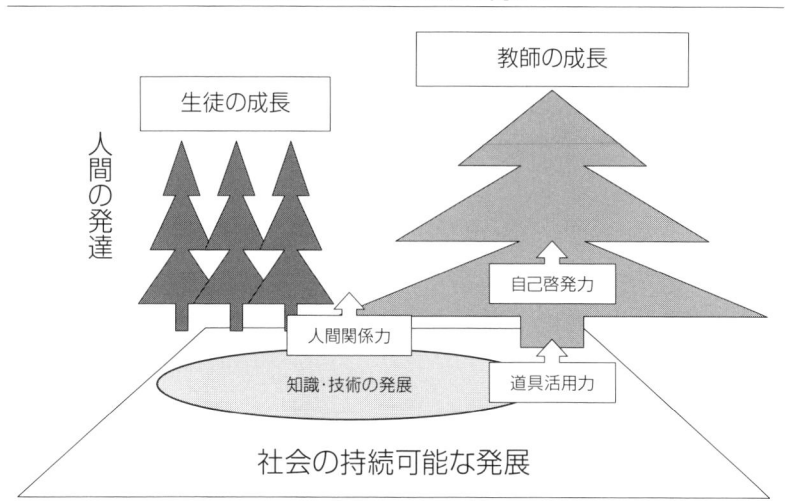

図25 人と社会の発展に向けて

[図：人間の発達／生徒の成長・教師の成長／人間関係力・自己啓発力・道具活用力／知識・技術の発展／社会の持続可能な発展]

第2節　ニュージーランドの教育

　筆者は、2007年度よりキー・コンピテンシーの国際比較研究を行っている。各国がキー・コンピテンシーを教育政策にどのように活用しているかを調べる研究である。EU諸国やアジア各国の訪問調査から、OECDが提唱した3つのキー・コンピテンシー概念は、各国の状況に応じて教育カリキュラムに反映され、独自のカリキュラムが作られていることがわかってきた（立田、2011）。

　なかでもカリキュラムそのものに、キー・コンピテンシーという用語を用いるニュージーランドでは、自己をマネージする、参加し貢献する、人と関わる、言葉や記号を用いる、考える、という5つのコンピテンシーを教育目標として掲げている。そのスタートプログラムを見ると、たとえば、「水の循環－科学の旅」と題する教材では、この教材を使って社会、

国語、保健、数学、技術、芸術、英語などの教科ごとに工夫して用いるようになっている。この教材ではあまり厳密に教科間の差を気にせず、どちらかといえば知識やスキルの習得以上に、考える力の習得を重視した構成になっている。

このキー・コンピテンシーを基礎にしたカリキュラムは教えられるべき価値観と学習内容とが並行して大きな学習目標を形成している。カリキュラムは2007年以降教育の現場で活用されるようになっているが、その中から重要な2つのトピックを取り上げることにしたい。

第3節　効果的な教育

1つめのトピックは、ニュージーランドのカリキュラムにみられる項目、「効果的な教育」である。そこでは、生徒の学習を促進する教師にみられる7つの行為をあげ、すべての生徒にいつでも保障できる教育はないとしながらも、生徒の成績を向上できる方法があるという。

第一は、教師による支援的な学習環境作りである。学習は社会的・文化的環境と不可分であり、生徒はそうした環境と関係があると考えたり、友人や教師、そして地域の人々とつながっていると感じた時によく学ぶ。だから教師は、地域の人や保護者ともいい関係を作り、生活と学習のつながりを大切にする一方、専門的な教師との関係を大切にすることが重要である。

第二に、生徒自身のふりかえりや考え直しを促すことである。生徒が効果的に学ぶのは、客観的に裏打ちされた情報や考えの中で自分の力が発達する時である。これまで学んできたこと（既有の知識）との関連づけ、自分の目的との適合性、自分の抽象的概念を実際の実践的で具体的な行為に置き換える中で新しく学んでいく。そうしたメタ認知能力の発達のために必要な材料を教師が提供する。

第三に、新しい学習への導きである。生徒自身が、「自分は何を、なぜ、どんな風に学べるか」を考える機会を提供する。好奇心を刺激し、新たな学習の発見や探究の機会を提供する。自分で学ぶ選択の余地を提供し、自分が選んだもの、自分でできることという自己コントロールの感覚が、自分にも何かができる、自分が人の役に立てるという、自己効用感を生み出すのである。

第四に、一緒に学ぶ機会を提供する。児童や生徒同士だけではなく、家族や地域の人など教師以外の大人と一緒に学ぶ機会を提供し、共に学びあう学習共同体ができるようにする。教師を含む誰もが学ぼうとし、学びの対話や学びのパートナーとなる。競争、支援、対話が効果的にでき、人との内省的対話がある時、生徒はさらに学ぶための言葉を覚える。

第五に、先行する経験や学習との関係づけである。生徒たちは先に学んだことと関係性が高い内容ほど理解を深める。また、教師が生徒の先行学習や経験を知って内容の重複を避ける一方、家庭や広い社会との関係性を高め、効率的な時間や内容の配分を行う。

第六に、十分な学習機会の提供である。生徒は多くの時間を持ち、多様な課題と関わり新たな学習に馴染んでいく。カリキュラムの十全さと生徒の理解や達成度との均衡の中で教師は、できる限り十分な習得を保障する必要がある。生徒個々人にとって、あるいは生徒の学習経験の系列性にとって何が必要で、何が不足しているかを決定するための日々のアセスメントが重要となる。

最後は、教授と学習の関係をつなぐ問いかけを大切にすることである。そこには、次の3つの問いがある。

1)「生徒にとって何が大切か」
　　生徒の学習状況に応じた方向づけと「焦点化の問い」である。
2)「どんな戦略で生徒の学習を支援するか」
　　この「教授の問い」では、研究や過去の実践から先の問いを根拠に

よって裏付けていく。

3)「**教授の結果、何が生じ、将来の教授にとってどんな意味があるか**」
　この「学習の問い」では、教授の成果による成功や失敗の程度を評価する。長期的あるいは短期的なアウトカムを分析し、次に何をすべきかを考える。

　この3つの問いを毎日、あるいは長期的に繰り返し考えていくのである。

第4節　熟練教師の資質

　もう1つのトピックは、熟練教師の資質である。この「効果的な教育」が打ち出されてきた背景には、OECDが提唱する教師の教育力の向上という政策があり、そこでは教師の資質向上のための研究が進められている。2005年のOECD報告書『教員の重要性』では各国の教師研修政策の重要性が提唱されたが、そこでニュージーランドのハッチー（Hattie）教授の研究が、「優れた教師」研究として取り上げられている。

　ハッチーは、50万件以上の教育研究のメタ分析から、成績向上をもたらす300の要因を抽出した。表3には、成績に大きな影響を与える上位15の要因を示した（Hattie, 2003）。その結果、最大の要因は、教師と生徒のフィードバックである。生徒の個人的知能が2位、そして3位に教師側の要因として指導の質があがる。この結果から、生徒との対話の重要性、直接的な指示や修正的指示が成績を向上させることがわかる。また親による学習への関わりや宿題も重要な要素である。考察から、彼はさらに優れた熟練教師の5つの資質をあげている。

表3　学習成果の向上要因

影響	エフェクトサイズ	リソース	影響	エフェクトサイズ	リソース
フィードバック	1.13	教師	個別指導	0.50	教師
生徒の知能	1.04	生徒	マスタリー学習	0.50	教師
教育資質	1.00	教師	親の関わり	0.46	家庭
直接的指示	0.82	教師	宿題	0.43	教師
修正的指示	0.65	教師	教授スタイル	0.42	教師
学習態度	0.61	生徒	質問	0.41	教師
教室環境	0.56	教師	仲間の影響	0.38	同級生
挑戦的目標	0.52	教師			

　第一は、教科についての「専門性」である。学問上の問題をその本質から説明でき、1つのトピックについて、多様な方法で、重要なポイントを示し、多くの情報を提供しながら教えられる。いつも仕事に問題解決的姿勢で取り組む。状況に応じて即興的な解決策を提示し、重要な決定事項が何であるか最善の判断を下せる。

　第二に、生徒との「対話」を中心に学習指導する。最適な学習環境を教室に作り出し、複眼的に教室を観察できる。また状況を把握しながら、適切な行動をとる。

　第三に、生徒に応じて「適切な指示」が与えられること。医者が患者ごとに対応するように、それぞれの生徒の抱える問題や学習進度をよく見て役立つヒントを与える。学習の困難さを考え戦略を立てながら進んでいく。指導の実践や学習技能では、努力せずにできる「自動的な」方法を持っている。それは教師自身の作業記憶やコツのようなものである。

　第四に、「情熱」がある。これは、教師が生徒へいつも高い敬意を払う

とともに、教師自身も教育・学習に大きな情熱を持つことである。

第五は、生徒の成績を向上させる「教育力」である。生徒に深く関わりながら、興味や自律心を育み、マスタリー学習（完全習得学習）を行わせ、有能感や自尊心を高める。生徒に適した挑戦的課題を提供し、生徒の成績の向上に効果的な影響をもたらす。

この研究で、彼は熟練教師を単なる経験を積んだ教師と比較し、両者の差は「挑戦的課題の提示」「わかりやすい説明」「生徒の観察と対話」の3つの次元で決まっていくという。経験にかかわらず、この3つの次元での能力が高い教師ほど熟練度は大きいと考えられる。生徒の観察や対話を通じて、挑戦的な課題やわかりやすい説明をいつ行うか、適切な状況を判断して適切な指示を行うのが、熟練教師の力というわけである。

ここで注意すべき点は、生徒のコンピテンシー（生徒の自律的な力、人と対話する力や言葉の力）に応じて、教師もその力を発揮する必要があるという点である。このことは、ニュージーランドの「自己をマネージする」コンピテンシーの育成とも関わっている。

第5節　自己をマネージする

自己をマネージするとは、自分が自分のマネージャーになり、動機づけて動かしていくことである。自己を管理するのでもなく、自己を制御するのでもない。生徒が自己をマネージできるようにするためには、まず教師自身も自分の「内なる力」と「外からの力」を調整して、マネージできる力が必要だろう。ともすれば強くなる「外からの力」に対応し、強い「内なる力」を持つことこそがコンピテンシーの高い教師といえるだろう。

内発的動機づけの専門家デシは、その著書『人を伸ばす力』の中で次のように述べる。

「真の自由とは、環境を変えることに前向きであることと、環境に敬意を表することとのあいだにバランスを見いだすことである。心理的に自由であることは、他者を受容する態度を伴う。われわれは最終的には、一人で生きているのではなく、大きな組織の一員として生きているのである。

　そして、真の自己は自律性と関係性の両傾向をそなえているため、よく発達した自己にもとづいてふるまう人は、他者とその環境に対して前向きの姿勢をとるのと同様に、他者を受容し、その環境を尊重するのである。」(デシとフラスト、1999、280頁)

　個人主義と自律性は違う。生徒の自律的成長を支援しながら他者の権利を尊重することを教え、教師自身もまた自律的・社会的存在として社会の発展と人間的な発達を考え行動することから、その向上が始まるのではないだろうか。教師にとってのキー・コンピテンシーの重要さは、この点にあるといえるだろう。

第13章

省察の力
――ふりかえり――

はじめに

　これまでの章では、総合的な人間力としてのキー・コンピテンシーについての説明に続き、3つのコンピテンシーである自己啓発力、人間関係力、道具活用力について詳しく説明してきた。そして第12章では、熟練教師の人間力として、効果的な教育の条件と優れた教師の特徴を述べた。生徒自身のふりかえりを促す効果的な教育のためには、教師が生徒と頻繁に対話し、生徒への形成的なフィードバックを行っていく必要がある。この生徒とのフィードバックをよく行う教師ほど優れた教師の特徴でもあった。だが、生徒自身のふりかえりを促す一方で、教師自身がそれ以上の深い精神的、知的なふりかえり、省察を通して考える力（反省性、reflectivity）を向上する必要があるのではないだろうか。

第1節　精神の発達

　省察の力、ふりかえって深く考える力は、3つのキー・コンピテンシーを支える核となる力である。デセコの最終報告書としてライチェンらがまとめた『キー・コンピテンシー』では、省察の力が、「現代生活の複雑な要求に直面した思慮深い実践」として重要な意味を持つ。コンピテンシーについては、多くの国で近年スキルの向上のみに焦点を当てた戦略が打ち出されている。しかし、ふりかえりは、そうした個別のスキルを超えた普遍的な力となる。

　「個人が複雑な状況に対応するだけでなく、そのための『道具をつくりだす』必要があるという考え方は、最初に学習されたやり方でくり返し

第13章　省察の力 ——ふりかえり——

適用することのできるスキル以上の能力という考え方を生み出す。そのようなスキルはたしかに必要とされているが、現在の挑戦は個人がイノベーションや継続性に対応し、能力をあたかも公式や明白なプロセスであるかのように単に『適用する』ことを超えるようなレベルの能力を必要としている。」（ライチェンとサルガニク、2006、96頁）

デセコを通じて行われた各国の教育や研究のレビューでは、教育目標として示される多くの力の中で、蓄積された知識の想起や抽象的思考、社会化の力をはるかに超えるものが求められている。この点について『キー・コンピテンシー』では、ふりかえりの力、省察の力がその力であるとし、その説明のためにキーガンの概念を引用している。キーガンは、多様な社会的領域や各領域を交差して現れる複雑な挑戦に対応するために、高次の「精神的複雑さの自己著述的秩序（Self-Authoring Order）の発達」が必要になるというのである。

キーガンの考え方によれば、省察の力は、まず自己を客観化することから始まる。つまり、主体である自己を対象としてとらえる。自己を対象化してとらえた上で、自己を変えていく精神的プロセスが自己著述的秩序の発達となる。

「『対象』とは、思考し、取り扱い、ながめ、それに責任を持ち、互いに関わりあい、コントロールし、内面化し、同化し、あるいは別なやり方で操作する、私たちの認識や組織化の対象となる要素をあらわし、『主体』とは、私たちが同一化し、結びつけられ、交じり合い、あるいはそこに埋め込まれていたりする、私たちの認識の対象となる要素をあらわす。」（Kegan、1994、p.32）

キーガンの言葉を借りれば、「私たちが対象を持つから、私たちは主体となる」（we have objects; we are subject）のであり（同、p.32）、ここ

にキーガンの弁証法的発達論のエネルギーとなる「主体－客体関係」が示されている。言い換えるなら、キー・コンピテンシーの開発に重要な影響を与えるものとして、個人は、対象であるものに対してのみ責任を負ったりコントロールしたり、思考したりすることができるのである。

彼の精神発達理論には、5段階のレベルがある。その発達の鍵となるのが、認知的なレベルと対人的な関係である（同、1994）。

第1段階は、社会的知覚であり、他者のことをまったく気づかない段階から、次第に気づくようになる。自己そのものはまだ「衝動的な自己」という性格を持っている。

第2段階では、いろいろな自分についての社会的役割や自己概念を習得する。他方自分の欲求や関心、希望が中心であり、「尊大な自己」の時期と呼ばれる。他者への配慮が生まれ始める。

さらに第3段階では、具体的な思考を通じて、相互性や対人関係の認知が進む。「対人関係的な自己」が作られる。他者の要求や関心への配慮が育つ。

第4段階では、抽象的思考ができるようになり、対人関係からシステム的な思考ができるようになると同時に、「制度的な自己」、システムや制度に従う自己が育つ。自分がいろんな役割を持つことを知る。その状況に対応して、自己著述的な性質として、アイデンティティ、自律性、個人化が進み、自己意識が発達する。他者との関係も対人関係的な相互作用が行われる。

この第4段階を超えるのは、弁証法的な思考ができる第5の段階である。家族や職場などの制度間、多くの人間関係の間にわたる自己のありようともいうべき「間人主義的な自己」が生まれる。家族における親としての役割や職場における職業人としての役割の間で自己調整的な能力が発達する。自己と他者の関係についての理解がいっそう進み、自己著述や自己調整化ができ、自分を変えていくことができる自己変容の段階に至る。

キーガンは、この精神の発達が、現実社会の私的な生活（子育て、夫婦

第13章　省察の力 ──ふりかえり──

生活)や公的な生活(仕事、地域社会)における課題を通じて生じるとする。私たちの思考が、どのように5段階の意識を通じて進化し続け、複雑な生活の舵取りをできるようになるかを彼は説明する。具体的な世界(ものを見ること)から、抽象的な世界(推論や仮説の構築)と抽象的な思考の体系(抽象的な事物間の関係認識)に、そして最終的には弁証法的な思考(逆説や矛盾の考察)にまで進むことによって、私たちは現実世界の問題解決を行えるようになる。

コンピテンシーもこの精神の発達に沿って向上する。コンピテンシーのレベルが、子ども時代から成人期への過程を通して、個人の「知る方法」の変化にしたがって高くなっていく。青年期に、人々は抽象的に考え、価値や理想を自己反省を通して構成し、自分自身の興味を他の人やグループのものと関わる能力を発達させる。だが、成人期のいろいろな経験を通じて、人はいっそう高次の精神的複雑さを備え、社会生活に適応するための圧力から距離をおいて考えることができるような水準へと到達し、また成人自身の判断力を作るというわけである。

ただし、この精神の発達は、必ずしも人によって同じように生じるとは限らない。特に、キーガンが重視するのは、人間にとっての意味のシステムの発達という点である。キーガンは、ピアジェをはじめとする心理学者の先行研究を踏まえながら、そこに共通する教義があるとする。

まず、人は、意味を作る存在である。その意味を作るシステムが私たちの経験を形成する。自分たちの経験にどんな意味があるかを考えるのである。そして人生や生活の広い範囲にわたる意味のシステムが、私たちの行動を生む。何か意味があるから行動しようとするのである。そうした行動を通して、私たちはいろんな意味を見いだしていくうちに、意味のシステムが変化していく。しかし、もしそうした変化がなければ、かなりの範囲にわたって、既存の意味システムが、私たちの思考や感情、行為を形作ることになる。さらに、人は豊かな語彙や方法で意味を表現するのだが、そこに、意味を生む基本的な構造や人を育てる継続的な意味システムという

159

大きな規則性が作られていく。次第に、自分とは違う他者や異なる社会の意味体系について理解できるだけの感受性が育ってくる。何が自分の発達を妨げ、あるいは促進するのかを学ぶようになってくる。

こうした意味のシステムの維持と変化について、キーガンは、人が意味を生成する存在である点を重視するのである。人は、意味を形成する深い構造を持つが、人それぞれによって意味の違いを生むプロセスや、自己と他者の関係性に大きな違いが生じていく。その精神的な発達の内的経験は、苦しみや苦労の連続でもある。だからこそ、指導者や実践家は、人の「痛み」「問題」「失敗」をその人や社会にとっての無駄と考えるのではなく、もっといろんなことを学べる機会であり、意味を形成することに取り組んでいるのだという目で対処していく必要がある（Kegan、1980、p.374）。

第2節　精神発達の条件

この内省的な精神の発達のためには、次の3つの条件が必要となる。

第一の条件は、社会化の圧力から一定の距離をとることである。生活のあらゆる面で、私たちに向けられる期待や要求について目を向けたり、判断したりすることができる環境である。第二に、一人の人間として明確な価値観を生み出し、その価値観に優先順位をつけながら、世界の多様な価値観の対立を内的に解決する、より複雑な抽象化あるいは価値観の体系を作り出すことである。そして、第三に、私たちが感情や思考を作り出す主体であるという事実に責任を持つことである。つまり、自分の内面が生み出すドラマを眺める観客となって、成熟した大人として人生のステージを移りながら、ドラマそのものの脚本を書き換える劇作家のように自分の人生を作り出していくことが期待される。そのために、柔軟性や適応性、寛容性、開かれた心、責任、主導性などの要件が大きな意味を持つ。

こうした通常優れた成人が持つとされる要件は、より高次の精神的複雑さに関わるものとして、キー・コンピテンシーを考える一助となる。世界の研究者や多様な学問分野のコンピテンシーの検討から、キーガンは、反省性が次の3つの行為から発展すると考える。すなわち、社会空間を乗り切ること、差異や矛盾に対処すること、責任をとることである（Kegan、2001）。

2.1　社会空間を乗り切ること

　現代社会の中で精神的柔軟さを伴い、多様な社会空間にわたり活用できる力は、OECDのデセコプロジェクトの各報告の共通のテーマである。現代社会を生きる成人には、多様な社会的文脈で多様な役割を果たすことが期待されている。多様な文脈の中で理解し、行動すること、あるいは社会空間を乗り切るとはどういうことか。生活や社会の文脈は、構造化された多元的な社会領域としてとらえられる。そこには、親子関係、文化、宗教、健康、消費、教育と訓練、仕事、メディアと情報、コミュニティなどが含まれる。各社会領域は、特定の課題や利害、多様な形態の資本（金銭、知識、社会関係など）や力を得るために、領域内の主体間で生じる争いや協働によって特徴づけられる。社会領域はある意味でゲームに似ている。社会領域もゲームもともにプレーヤー、ルール、利害、認識された闘争や協同的関係の中で動く。したがって、個人が優れたプレーヤーになるためには、各領域に特有の知識、価値観、ルール、儀礼、コード、概念、言葉、法律、機関を知り、使いこなすスキルが求められる。個人はその社会特有の知識やスキルを身につけ、各社会領域に共通する類似性を知ることでそれぞれの社会や社会領域を生きることができる。

2.2 差異や矛盾に対処すること

　省察の力のもう1つの要件は、多様な価値観の中で、差異や矛盾を扱う力である。複雑な問題に対する自然な反応として、物事を単純化する方法がある。しかし単純化は、世界のより全体的な理解を妨げる。私たちの多様な世界は、明らかに矛盾したり相容れない目標を同じ現実面として含んでおり、緊張関係の取り扱いや対処法を求める。たとえば、平等と自由、自律と連帯、効率性と民主的プロセス、エコロジーと経済、多様性と普遍性、イノベーションと伝統性といった価値観の現実的調整である。持続可能な開発は、経済成長と生態学的制約を別個の無関係な目標として取り扱うのではなく、複雑でダイナミックな相互作用として認識し、その緊張関係を扱おうとする見方である。

　現代生活が投げかける複雑で、手に負えない、ダイナミックで多面的な問題に対して、統合的で全体的なアプローチをとることが最善の対処法である場合が多い。曖昧な、あるいは矛盾する立場や行動に対処すること自体は、難しいことではない。実際、私たちは、そのことを意識せずに対処していることもある。多元的でダイナミックで、対立する問題を思慮深いやり方で対処する場合に、解決策は必ずしも1つではないことを知っておく必要がある。矛盾し互いに相容れない考え方や論理、社会的立場の関係や相互関係を考慮に入れつつ、その問題をまとめる方法や行動を学ばなければいけない。

2.3 責任をとること

　デセコの報告では、多くのOECD加盟国の教育目標において、個人の責任を重視している。各社会で生きる個人は、親やパートナー、雇用主や従業員、市民、学生や消費者として、革新的で創造的、自己主導的で内発

的な動機づけを持ち、自らの決定や行動に責任を持つことが期待されている。教えられたことや言われたことにただ従うだけでなく、自ら考え、自らの知識と行動指針を作り出すことが期待されているのである。自発的、自主的、自律的に考え、行動する力である。

キーガン（Kegan、2001）によれば、社会化のプロセスについての共通した了解として、有能な成人は、社会化の虜（社会的仕組みの単なる奴隷）になるのではなく、社会化のプロセスを認識して自分なりの意思を持ち、責任をとることが期待される。責任をとるとは、個人が社会の多様な要求に対して批判的スタンスをとり、当然と考えられた常識を能動的に問い直すことである。つまり、社会化の圧力を「対象」として考え、時に自分の意思決定によって、社会を変えることができるという自覚である。責任をとるとは、どのように生きるべきか、良い人生とは何かと考えた時に自分が今は具体的に何をするべきか、自分の行動は正しかったか、自分のしたことは理解できるがそうすべきだったか、目標を達成するため、なぜ自分はこの方法を選んだのかといった問いに関わる。この問いに答えていくことで自分なりの立場を持つ当事者としての責任と、自分なりの意見、その意見を自らの目標と照らして考える責任が生じる。

第3節　省察の意義と具体的方法

では、具体的には、省察の力をどのように高めていけばよいだろうか。この点について考えるために、これまで考えられてきた代表的な省察の方法をふりかえってみたい。前節までに参考としたキーガンは、ふりかえりを精神構造の複雑な発達ととらえて定義した。そのとき、

1) どのようにふりかえりをするのか。
2) 何がふりかえりのために必要か。

といった問いに、ある程度は答えてくれている。しかし、それはキーガンの答えであって、他の先人がふりかえりをどう考えているのか、またもっと具体的には、ふりかえりを普段の実践としてどう行えばよいか、という点も知りたい。キーガンの説明では、生涯にわたって行われる精神の発達という非常に長期的な展望という点では優れているが、日常の実践として省察を行うことが必要だからである。

　さらに、ふりかえりという行為は、誰でもがいつでもするわけではない。まったくふりかえりをせず同じ過ちを何度も繰り返すのが、人であり、歴史である。そのとき、私たちは、なぜふりかえりをしないのか、また、ふりかえりをすることに、どんな効果があるのか、を考えることも重要である。つまり、次の問いである。

3）なぜふりかえりをしないのか、あるいはするのか。
4）ふりかえりをすればどんな効果があるのか。

　さらに、キーガンは、どのようにふりかえりをするのか、という問いに抽象的には解答しているが、私たちはもっと具体的で、実践的な方法を知りたい。そこで、ふりかえりの力、省察の力を高めるために日常的に何をすればいいかについて最後に考える。

3.1　省察の障害

　なぜ、ふりかえりをしないのか、という疑問、つまりふりかえりを行うためにどんな障害があるかという点では、物理的な障害と心理的あるいは社会的な障害があると考えられる。
　物理的な障害の最たるものは、時間である。コルブによれば、自分の経験について効果的な反省を行うためには、働く日の何時間かを反省と分析

のために積極的にあてるべきだという。反省の時間が必要なのである（Kolb、1984）。

また、心理的障害には、評価や判断を下されることへの恐怖、批判される恐れがある。不安や自己防衛本能からか、あるいは逆に自分の傲慢さから、ふりかえりを行おうとしないのである。

他方、社会的な条件が不備という点では、きちんとしたふりかえりの機会や条件が提供されていないという場合がある。上司や同僚などによる非見識な支援、あるいは、自分の実践をふりかえってくれる指導者や管理職の不在という場合がある。また、研修の機会など省察を行うチャンスが得られない場合がある。

さらに、どのようにすればふりかえりができるかという省察の方法についての知識の不足という障害もあるだろう。

省察を行うための時間や機会だけでなく、進んで省察を行おうとする意欲やエネルギーが必要なのである。

3.2　省察の効果

ただ、もし、ふりかえりをすればどのような効果が得られるか、その意義を知れば意欲にもつながる。

たとえば、もし、ふりかえりをすれば、

- 同じ過ちや失敗を避けられる。
- 自己の認識を深められる。
- ふりかえりで得た知識やスキルを他の人に役立てられる。
- 自己の偏見や差別の可能性に気づく。
- 既存の専門的知識を発展できる。
- 自分の学習機会を最大化できる。

といったメリットがある。

他方、ふりかえりをしなければどうなるか、

- 同じ失敗を繰り返し続ける。
- いつ気づかないのか、どうして気づかないのかがわからないままになる。
- 自分の専門について発展すべき知識を活用できない。
- 自分の知識もスキルも発展せず、成長が止まる。

という結果になる。

3.3 主な省察の定義

実際、これまでにも多くの学者がその必要性を知って、省察の方法を論じてきた。省察の定義自体、ギリシャの時代から、哲学者をはじめ多くの先達が行っている。とりわけ教育の世界で最も著名な学者はデューイであり、その経験主義の方法だろう。

デューイの省察に基づく学習法は、「探究学習」と呼ばれる。その手順は、

- 困っている問題が何かを知り、感じる。
- いっそうの理解のために知った問題を観察し、分析する。
- 問題についての仮説や理解を展開し、その要因と可能な解決法を探る。
- 精査と推論のためのいくつかの仮説を立てる。
- その仮説を検証し実践的に理解する。

となっている。この方法は、20世紀に多くの教育現場で用いられてきた（Dewey、1938）。

さらに、省察の専門家としてはショーンが著名である。彼は省察を事後に行う行為に関する省察と区別し、行為における省察として、次のように

第13章　省察の力──ふりかえり──

定義している。

「現在の行為の中で、何かを行う間に何をしているかを再形成しながら考えていること」(Schon、1987、p.26)

しかし、ショーンの省察研究は、感情に重きを置くという点で、具体的な実践に結びつきにくい。その点では、これまで何度か紹介してきたコルブの方法が、経験と経験に基づく学習についての実証的研究の成果を踏まえながら、体系的で発展的であり、具体化しやすいという特徴を持っている。コルブの省察モデルは、「学習サイクル」と呼ばれる方法であり、次の手順を経て行われる (Kolb、1984)。

1) **具体的経験**：出来事を経験する。
2) **省察的観察**：自分の感想や見解、グループの感想など多様な視点から生じた出来事について考える。
3) **抽象的概念化**：出来事を分析する理論を用いて自分のふりかえりを理論的な理解へとまとめ、加工する。
4) **能動的実験**：この新しい理解を身につけて、今度は違ったやり方で試みる。

この方法は、図26に示したように、それぞれの段階の背景で得られる4つの知識（便宜的知識、分散的知識、同化的知識、収束的知識）と2つの理解（断片的理解、総合的理解）、そして2つの変容モデル（集中による変容と拡張による変容）が含まれている。ただし、この図では、一見、同じ輪の中をぐるぐる回る学習のように見えるが、この輪の回転がらせん型に発展していくというのがコルブの主張である。デューイの経験学習もまた、らせん型に発展してはいくが、それ以上に緻密なモデルであることを彼は述べている。

第Ⅴ部　学び続ける教師のために

図26　コルブの経験学習モデル１：ふりかえり
（経験学習の過程と習得される知識形態に基づく構造モデル）

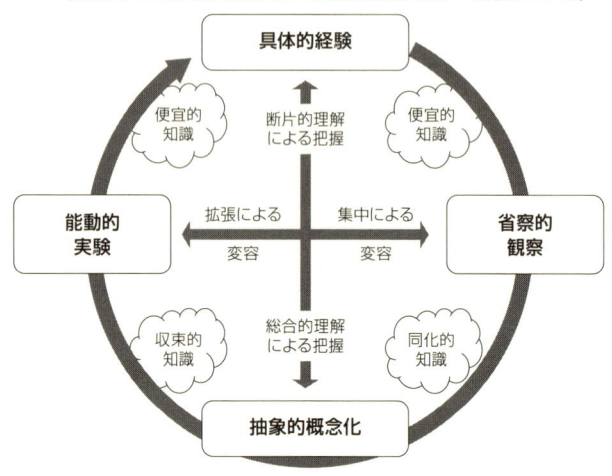

具体的経験

便宜的知識　　断片的理解による把握　　便宜的知識

能動的実験　　拡張による変容　　集中による変容　　省察的観察

収束的知識　　総合的理解による把握　　同化的知識

抽象的概念化

出所：Kolb（1984）p.42より作成

図27　コルブの経験学習モデル２：経験学習の具体的なモデル

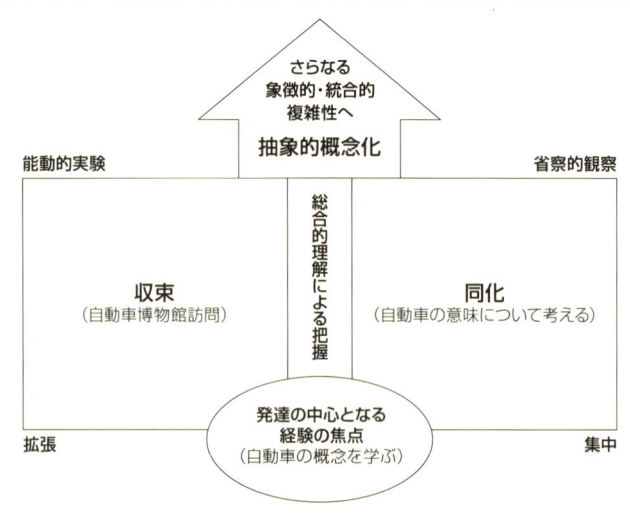

さらなる
象徴的・統合的
複雑性へ
抽象的概念化

能動的実験　　　　　　　　　　　　　　　省察的観察

収束
（自動車博物館訪問）

総合的理解による把握

同化
（自動車の意味について考える）

拡張　　　　　　　　　　　　　　　　　　集中

発達の中心となる
経験の焦点
（自動車の概念を学ぶ）

出所：Kolb（1984）p.147より作成

このモデルを学習内容として具体的に見たのが、図27である。図27では、省察的観察から、抽象的概念化、そして能動的実験にいたるまでの過程を、自動車の概念を学ぶ場合について示している。集中的な思考によって、自動車の意味を考え、自動車博物館の訪問などによって、その概念を拡張しながら、自動車の抽象的概念化を行い、次の能動的実験へつなげていくというモデルとなっている。
　さらに、経験学習について、省察を具体的に考えた研究者に、ボードがいる。ボードは、省察を次のように定義している。

「省察は、人が自分の経験を捉え直し、考え、深く考えて評価する重要な人間的活動である。経験に伴うこの活動は、学習にとって非常に重要である。」(Boud、1985、p.43)

　経験に伴う省察を行う具体的な方法として、ボードは、次の手順を示している（Boud、1985）。

1) 出来事、事件や経験を見直し記録する。
2) 記録を詳細にわたり、認知的・感情的なレベルで考える
3) 経験や知識、実験を考慮し、出来事を再評価する。経験の意味を探究する。
4) 変えることを計画する。

3.4　省察の具体的方法

　以上のような省察のモデルを通して、およそ省察を具体的に、そして日常的に行う方法としては、次のような基本的方法があげられる。
　第一は、まず、自分について語る、という行為である。たとえ、独り言であっても、自分が行ったことを言葉でふりかえることがその後の行動を

変化させる。他の人に対して、自分のことを語る場合には、さらに他の人の意見も含まれるようになるので、ふりかえりの効果はいっそう大きくなるといえる。生涯学習の研究では、こうした自己の「語り」を「ナラティヴ」という。ナラティヴとは、経験や出来事の物語である。私は思う、私は考えた、など、その人自身によって語られたものであり、より深い省察と比較を認めるために共有されうるものとなっていく。

　第二は、自分の行為を記録することである。いわゆる反省録や日記がこの行為にあたる。その内容には、基本的な毎日の行動記録や関わった人や出来事がある。さらに、経験や出来事への自分の対応、状況の中や出来事から学んだこと、学ぶ必要のあったこと、自分がとった行動とは違う仕方とわかる限りのいろいろなやり方についての考察、経験が他の経験とどう関係しているか、抽象的な理論に照らした時にその経験をどう理解するか、そして、その反省から理解した目標にどうすれば達成できるか、といったものがあるだろう。

　第三に、語りや書くという行為を通じて、失敗の経験を活かすということがある。特に、人との関わりや自分の行動について、どんな状況だったか、何をしたか、動いた結果、何が起こったかなど、状況や出来事とそれが生じた過程へのふりかえりについて、失敗を二度と繰り返さないための考察を行い、自らの成長につなげていくのである。

　特に、こうした失敗を書いたり、人に話したりするという行為に対して、周りの環境や人がどのような対応を示すかという点が重要となってくる。自己を対象化してとらえた上で、自己を変えていく精神的プロセスの機会があったとしても、それを受容する人や組織の存在がなければ、人は成長する機会を失う。もしも、キー・コンピテンシーが人を成功や幸福へと導く概念であるとするならば、この失敗や痛み、悩みについてのふりかえりを受容する人と学習の環境が必要となってくるのではないだろうか。

第14章

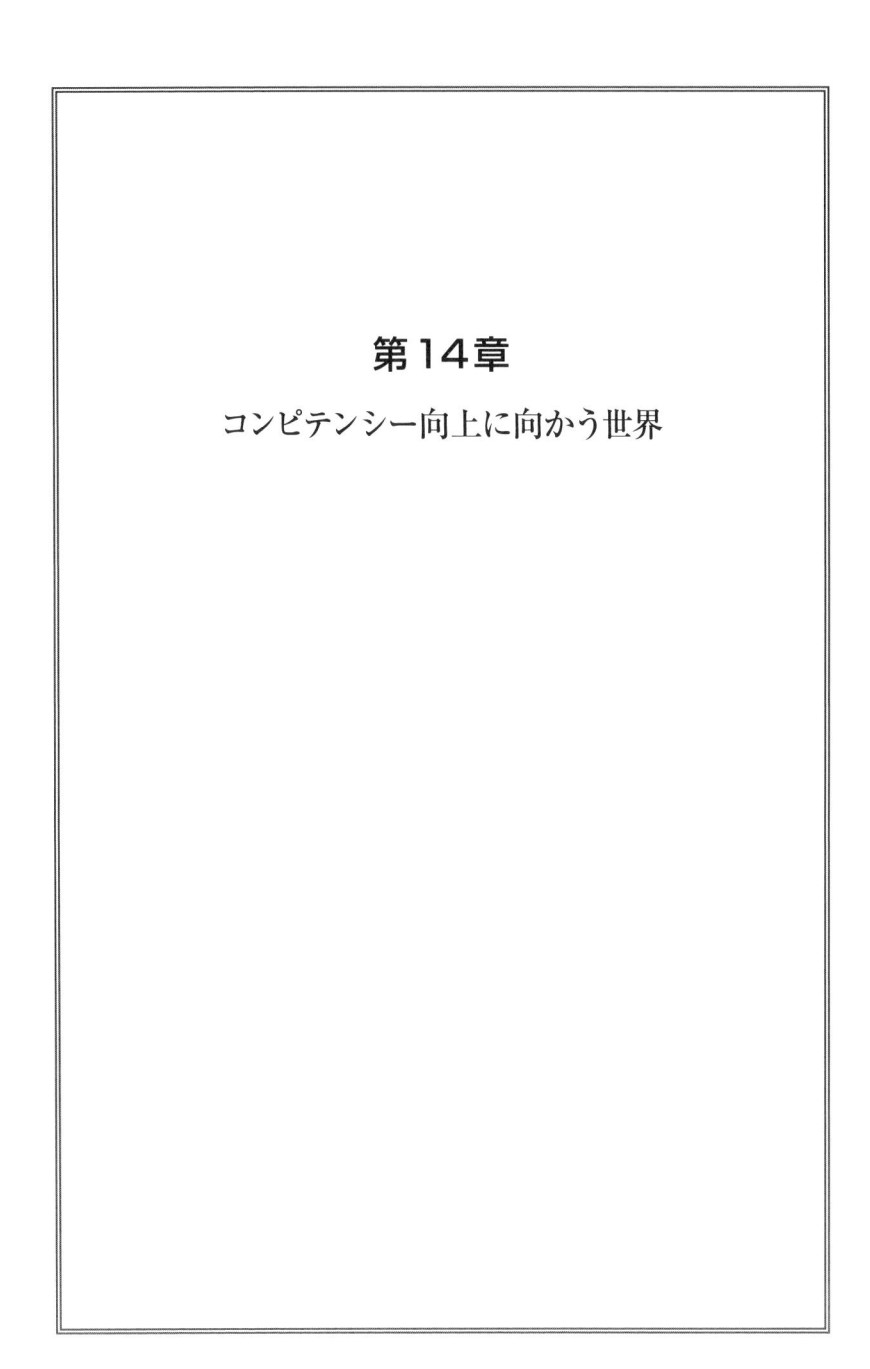

コンピテンシー向上に向かう世界

第Ⅴ部　学び続ける教師のために

はじめに

　日本の学校教育だけではなく、世界の教育界は現在大きな変動の時期を迎えている。本章までに、教師のコンピテンシーについて日本の教師の質の向上を中心に考えてきたが、欧米や開発途上国もまた、教師のコンピテンシーの向上に向かって動き出している。そうした動向について、3つのトピックにふれておこう。第一は、グローバル化の進む世界の中でヨーロッパ、特に欧州連合が提案した教師の共通原則であり、第二に、テクノロジーの進歩に応じて、ICTコンピテンシーの枠組みを提供するユネスコの提案である。そして、最後に、教師の質の向上に期待が寄せられるこれらの動向の中で、特に、パートナーシップの問題についてふれておきたい。というのも、教師の質の向上は決して教師個人の問題というわけではなく、学校とそれをとりまく学習環境そのものの改善の問題ともいえるからである。

第1節　教師のコンピテンシーの共通原則（EU）

　欧州連合（EU）は、世界のいずれの地域と同様、知識基盤社会への移行の中で教育の改革を積極的に進めており、定期的な教育・訓練計画の研究の中で教師の質の向上をめざしている。
　キー・コンピテンシーについても、2006年に「生涯学習のためのキー・コンピテンスに関する欧州議会・理事会勧告」を出し、その中で、「生涯学習のためのキー・コンピテンス：ヨーロッパ準拠枠組み」の提案を行っている。EUに加盟する諸国はその勧告を参考に教育改革を進めている。この枠組みでは、1）母国語でのコミュニケーション、2）外国語でのコミ

ュニケーション、3）数学的コンピテンスと科学および科学技術における基礎的コンピテンス、4）デジタル・コンピテンス、5）学習法の学習、6）社会的・市民的コンピテンス、7）イニシアチブの意識と起業家精神、8）文化的気づきと表現、の8つの力をあげている。

　一方、教師についても、こうしたコンピテンシーを持つEU市民を育てるという観点から、教師の共通原則が2005年にECから提案されている。「教師のコンピテンシーと資格のヨーロッパ共通原則」と題されたこの文書では、EUが教師の役割とその生涯学習やキャリア発達に、重要な優先性を置くとしている（巻末資料参照）。

　また、教師自身も知識社会の進化する挑戦に応じ、その社会に積極的に参加する必要性とともに、学習者を自律的な生涯学習者にするための力を備える必要があるとしている。そのためには、「教科の知識、カリキュラムの内容、教授法、イノベーション、研究や教育の社会的文化的次元への継続的な参加を通じて学習と教授の過程をふりかえる」力を持つことが求められる。こうした教師を育てるという点では、教師教育もまた高等教育の水準に置く必要があり、その教育は、高等教育と学校や教師が働くその他の機関との強い連携関係により支援されなければならないとしている。

　特に、多文化の国から構成されるEUの場合、キー・コンピテンシーの勧告でも、文化的気づきと表現という力が8つめにあげられていた。同じように、教師のコンピテンシーの共通原則でも、教師が学習者をEU市民として育てるに際して、多様な文化を知り尊敬する力が重視されている。

　さらに、教師自身の異動の可能性を前提として、加盟国間の教師のコンピテンシーや資格について、相互的な信用や認定の発展の優先性が論じられている。

　同文書では、教師に共通する原則として、次の3つをあげている。

　第一は、教師が優れた資質を備えた職業という点である。全教師が高等教育を修了し、専門分野で入門段階から優れた資質を持ち、適切な教育学的資格を備えることを求めるとともに、教授能力を発展させて、高度な水

準まで学習を続ける機会をすべての教師に保障すべきとしている。教師養成では、広範囲な教科の知識や教育学の優れた知識、学習者を支援するスキルやコンピテンスを鍛え、教育の社会的・文化的次元の理解を育てる。

　第二に、教師は、生涯学習の文脈に位置づく職業という点である。教師は、その経歴の中で専門性の開発が続けてできるよう支援されなければならない。教師自身も、またその組織の管理者も、新しい知識を獲得する重要性を知るべきだし、教師は仕事に関わる新たな手法（イノベーション）を導入したり、科学的根拠を用いることができるようにすべきである。教師がその職歴において進歩し適応するためには、生涯学習を重視した教育制度が重要という。教師は効果的な教育実践を科学的に探究し、高度化する社会に応じて、現代的なテクノロジーを駆使し、制度的革新や研究への参加が求められる。つまり、教師は、教育の専門性開発への積極的な参加が求められているのである。ここで、教師の専門性開発は教育部門外での経験も含めており、そうした部門外での経験もまた、教育制度の中でも認証され、なんらかの評価が得られるようにするべきであるとしている。

　第三は、教師が、異動可能な専門職であるという点である。この文書では、異動性（mobility）について、「初任者教師研修や継続的な教師研修プログラムの中心的要素とすべき」と述べ、「ヨーロッパのプロジェクトに積極的に参加するよう奨励され、専門性開発を目的とした他のヨーロッパ諸国の仕事や研修に時間をかける必要がある」としている。同時に、他国で研修を積んだ教師に対しては、「ホスト国でその地位を保障するとともに、その参加が母国でも認められ、評価されることが重要である。教育の多様な段階での異動や教育部門内の異なる専門職への異動の機会も提供されるべきだろう」としている。

　この点は、EUだからというだけではなく、グローバル化の進む社会の中で、日本においても教師が他国で研修を受ける機会を提供し、その成果を経歴に活かすような制度を充実するなど、積極的に取り入れるべき原則だろう。

第14章　コンピテンシー向上に向かう世界

　第四は、パートナーシップに基づく専門職という点である。教師養成を行う機関は、学校や地域の職場、職業訓練機関やその他の関係者と連携して教師養成を組織する必要がある。たとえば、大学は、最新の教育方法の実践的知識が学べるよう保障すべきである。教師養成を行う大学と学校現場が優れたパートナーシップの関係を持つことで、実践的なスキルと同時に学術的・科学的な理論的根拠を提供できる。初任者研修や再研修を通じて、教師が自分の実践や他者の実践をふりかえる力と自信を持てる機会を、大学や地域の教育行政といったパートナーは提供できる。教師養成それ自体もまた、研究や調査の対象とすることで、教師の専門性をさらに高めていくことができよう。

　教師に生涯学習の機会が提供され、多様な部門間の異動や機関の連携によって、その専門的資質を高めるという4つの原則を充実する上で、教師には3つのコンピテンシーの向上が求められることとなる。そのコンピテンシーとは、他者と共同する力、知識や情報テクノロジーの力、社会とともに働く力である。

　第一の他者と共同する力について、教師は、「社会的な包摂の価値に基づき、すべての学習者の可能性を引き出す専門職として働く。人の成長と発達の知識を有し、他者と関わる際には自己への信頼を示さなければならない。個人としての学習者とともに働き、学習者が社会に十分参加できる能動的な構成員として発達することを支援しなければならない。学習者の集合的な知性を増す方法を用いて働くとともに、自分自身の学習や教授を向上できるよう同僚と共同し、協働できなければならない」とされる。これは、EUに多い移民を含めたマイノリティについての理解を深め、そうした人々の可能性を引き出すことがヨーロッパの教師に求められるからである。また、信頼される存在として、学習者を支援し、学習者の集合的知性を高めるために協同的な学習法についての知識やスキルも必要とされる。そして、教師自身にもまた協同的なコンピテンシーが求められる。この点では、OECDのキー・コンピテンシーと共通する特徴を持っている。

第二の、知識や情報テクノロジーを備えるという力は、多様な知識、特に、知識の活用、情報や知識へのアクセス、分析、検証、反省、伝達ができるように、テクノロジーを効果的に利用することが求められる。同時に、教育学的スキルの向上によって、優れた学習環境の形成や運営が必要とされる。多様な教授スキルや学習スキルの学習を行っていく必要がある。

　第三の、社会とともに働く力とは、学習者を優れたEU市民として形成することであり、「ヨーロッパ内での異動と協働を促進し、文化間の尊敬と理解を奨励できる」力であり、また「学習者の多様な文化を尊敬し気づく」ことが求められる。また、「地域のコミュニティや教育のパートナー、関係者、親や教師養成機関、地域の代表的な団体と効果的に働く」力でもある。ヨーロッパ社会の統合を進め、社会的排除の課題に取り組み、高度な知識社会のモラルを身につけることとされる。

　こうしたEUで提唱される教師のコンピテンシーは、日本の教師にも求められる力であり、知識社会の高度化や環境問題など世界自体が複雑化する状況の中では、教師のコンピテンシーの向上が国際的に進んでいく様子が見いだされる。それは、先進国だけではなく、開発途上国においてもみられる。その具体的な事例として、ユネスコの次の提案を示すことにしよう。

第2節　教師のICTコンピテンシー（ユネスコ）

　ユネスコは、2011年に、CISCOやINTEL、ISTEやMicrosoftといった企業と共同で教師のためのICTコンピテンシーの枠組みを作成した。そして、各国が教師のICTコンピテンシーの政策や教師スタンダードの参考になるよう、「教師のICTコンピテンシー枠組み」として発表した。EUの知識やテクノロジーについての教師のコンピテンシーに比べて、この枠

組みはその定義をさらに詳細に行ったものとみることができる。

この枠組みでは、教授法としてのテクノロジーを、

A）テクノロジーの基本的リテラシー
B）知識の深化
C）知識の創造

の3段階のアプローチに分けている。この3段階は、基本的なICTリテラシーから、知識の創造にまでいたるICT能力の発達段階ととらえることができる。

一方、教師の仕事を、

1）教育場面でのICT理解
2）カリキュラムと評価
3）教育学
4）ICT
5）組織と運営
6）教師の専門的学習

の6つの面に分類する。こうして、計（3つのレベル）×（6つの仕事の内容）から、計18のモジュールが構成される。

それぞれのモジュールは、次のような内容となっている。たとえば、A）テクノロジーの基本的リテラシーについては、

1）教育場面でのICT理解：政策の認識
2）カリキュラムと評価：基本的知識
3）教育学：テクノロジーの統合
4）ICT：基本的ツール

5）組織と運営：教室の標準
6）教師の専門的学習：デジタル・リテラシー

がそれぞれで学ぶべき内容となる。また、B）知識の深化では、

1）政策の理解
2）知識の適用
3）複雑な問題解決
4）応用ツール
5）協働的グループ
6）運用と指導

と次第に、知識のレベルを深める内容となっている。さらに、最後のC）知識の創造では、

1）政策のイノベーション
2）知識社会のスキル
3）自己管理
4）普及したツール
5）学習する組織
6）模範的学習者としての教師

との構成になっており、日常的に知識創造を行う主体としての教師が目標とされている。

　この18のモジュールによって、各国や各地域、あるいは、各学校がどれだけのコンピテンシーを育てているか、現在の状況と今後の計画を評価する1つの枠組みとして利用できるというわけである。

第3節　教育の専門性と協働性の向上へ

EUとユネスコによる教師のコンピテンシーに関する提言は、いずれも教師個人に求められるものと考えられているが、当然それぞれの提言では、このコンピテンシーを育成するための、つまり教師のための学習環境や職場環境の形成が必要となる。しかし、実際には単に教師個人のコンピテンシーを形成するだけでは十分でなく、そのコンピテンシーを発揮できるような学校の環境形成が求められる。

学校内における学習や職場の環境としては、同僚とのパートナーシップの問題があるし、学校外とのパートナーシップとしては、地域の人々、とりわけ児童や生徒の教育に関わる親との関係形成が重要となってくる。

3.1　親とのパートナーシップ

実際、家族は、就学前から学校教育への動機づけと学習スキルの習得に大きな影響を及ぼしていることはいうまでもない。学校段階に入ってからも、家庭の家族構成、社会経済的・文化的背景や子育てのスタイル、あるいは家庭教育が、学校教育と関係している。子どもが学校に通うようになった親は、PTAや学校行事への参加、学校へのボランティア活動を通じて、学校といろいろな関わりを持っていく。

OECD教育研究革新センターが欧米の代表的な実証的研究から、学習環境のあり方を探った『学習の本質：研究の活用から実践へ』では、家庭と学校のパートナーシップについて1つの章を設けてこのテーマに関するこれまでの実証的成果を明らかにしている（OECD教育研究革新センター、2013、291-326頁）。

多くの研究成果では、親の学校との関わりの増加が高校の中退率の低下

や、高校修了者の増加と関係しているという。親が学校に関わったからといって、子どもの成績との間には大きな影響はみられない。しかし、学校の地域についての集団的感覚が親に生まれ、間接的に子どもの教育的目標に影響するとみられている。親が学校に関わることで、学校での成功への動機づけが増し、子どもの成績に影響するのである。

さらに研究では、認知的発達と、感情など非認知的発達の2つの視点から、親の学校や学習への影響を分析している。

前者の例では、読書への親の態度が、子どもの読書活動や読み書き能力の向上に影響する場合がある。文字や言葉を子どもに教えたり、毎日一緒に読書する習慣や、会話を通じての語彙の発達などの影響である。数的な思考力についても影響があることが確かめられている。

非認知的発達という点では、自立性、持久力といった情動面での影響がある。健全な競争への意欲も親によって育てられる。情動面での発達という点では、少年期から青年期へかけての発達段階での役割も大きいとみられている。子どもの学習や学校での人間関係の形成、価値観の形成といった点での家庭の影響力は大きい。

たとえば、宿題への関わりという点では、いかに教師が親と関わるかについて、次のようなガイドラインを学校が奨励するよう示されている。

「1) 勉強しやすい場所をみつけること、2) 宿題に十分な時間をかけること、3) 課題の援助が役立つとしても、子どものかわりに全部をしないこと、4) 宿題の価値について、特に子どもの教育的目標と学校の目標との関係の大切さについて子どもに伝えること」（OECD教育研究革新センター、2013、306頁）

職業指導についての研究では、親によって希望が調整されている若者の方が高校卒業後にその目標が達成されやすいこともわかってきた。親による調整とは、子どもが望む仕事と同じような仕事を持つ人を紹介したり、

大学や専攻の選択についての情報やその選択が職業計画にどのような影響を持つかの情報を提供することである。家族が子どもとその仕事に就くにはどうすればいいかを話し合う時、親は助言を提供する。成績についてより重要な親の役割は、十代の子どもに情報や計画の方法を伝えることである。

特に重要な情動的な支援は、子どもの自己効力感を伸ばすことだろう。子どもたちは親によって支持されていると感じる時、学習への意欲を増し、自尊心を高めていく。

子どもを育てるという点について、親と教師は共通の立場に立っている。たとえば、日本では、小野田正利が長年にわたって親と学校の間の問題状況についての研究を蓄積し、実践的な解決法を模索している。その問題状況を解決する、最も重要な視点を小野田は次のように表現している。

「"みんなの学校"で学び成長することが、その後の社会を形成する上で、どれほど意識や行動を醸成していくか。"みんなで学校"を良くするように作り変えていくそれぞれの努力やプロセスが、どれほど確かで崇高なものか……」(小野田、2008、194頁)

もし、親の関わりが教師との対立的関係をもたらすと、子どもの幸福を第一に考えようとする両者の信頼関係の形成は困難になる。そうした信頼関係が欠如した場合、学習は悪影響を受ける。そのために、自己効力感の低い親や少ない資源しか持たない親たち、子どもの学校教育に関わっていない親たちを学校が組織的に確認し、親との関わりを始められるように招待する教育プログラムがある。そこでは、子どもを学校が管理しているというよりは、子どもを大切にしているというメッセージが親に伝えられていく。地域の学校後援組織と連動した放課後プログラムや課外活動への参加、親を最初の教師として認める「教師としての親プログラム」など学校と家庭が連携した多様なプログラムの例を本研究では紹介している。

第Ⅴ部　学び続ける教師のために

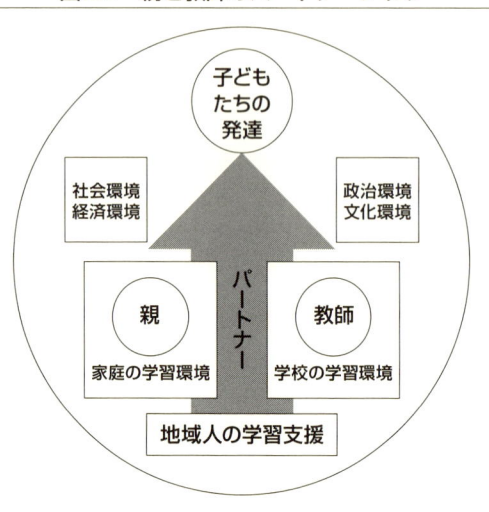

図28　親と教師のパートナーシップ

```
        子ども
        たちの
         発達
    ↑
社会環境          政治環境
経済環境          文化環境

  親      パ    教師
家庭の    ー   学校の
学習環境  ト   学習環境
          ナ
          ー
     地域人の学習支援
```

　親と教師の関係は、図28に示したように、共に子どもを育てる関係にあることを、親も教師もしっかり認識していくことが求められる。

　たとえば、シンガポールでは、政府が保護者とのパートナーシップを導く次の5つの原則をあげている（*http://parents-in-education.moe.gov.sg/ parents-in-education/building-on-trust-partnering-as-one*、2014年1月20日閲覧）。

1) 信頼が土台となる。
2) 子どものことを忘れない。
3) 互いに責任を理解する。
4) 共通の基盤を探す。
5) 共に共通の目標に向かって働く。

　教師もまたこうした原則に沿って行動することにより、親との良好なパ

ートナーシップが生まれていくのではないだろうか。

3.2　同僚とのパートナーシップ

　学校で働く教師にとって、もっと身近なパートナーシップとして重要なのが同僚教師との関係である。この問題については、近年特に教師の質の向上にこのパートナーシップが大きな影響を及ぼすとして、その研究が進んでいる。特に、学校組織論や知識経営論との関係からクローズアップされているのが、「専門職の学習共同体」論である（織田、2011）。

　その代表的な研究者ホードは、「学校の目的が『生徒の学習』であること、生徒がよく学べるかどうかの最も重要な要素が『教授の質』にあること、については誰でも賛同する」という。そして、『教授の質』が、継続的な専門的学習によって改善されると述べる（Hord、2009、p.40）。そして、専門職としての学習を最も支援できる背景に、専門職の学習共同体があると主張している。

　教室における生徒の学習と同僚との学びのつながりを、共同体のメンバーが理解していく。つまり、生徒たちの多様なデータから、生徒がどううまく学び、教師がどうそれを支援できるかを研究する。教師たちは、生徒がうまく学べない領域や場所に注意を向ける。また、教師たちは一緒に新たな学習内容が学べるように研究し、問題領域をみつけて効果的な教え方の向上に取り組む。一緒になって継続的に学習法を学ぶこのグループでは、そうした学習が習慣となっている。教えるのがうまくいかなかった場合に、違ったやりかたでどう教えればうまくいくかを研究し続ける。

　ホードによれば、もう1つの専門的学習者の共同体の特徴は、「共同体」という特徴そのものにある。つまり、目的の共有、相互に対する関心と気配り、そして誠実と信頼の強調である。

　つまり、専門職の学習共同体は、次の3つの言葉で定義される（Hord、2009、p.41）。

「専門職」とは、「生徒が互いにしっかりと学ぶために、効果的な指導プログラムの普及に責任を持ち、説明できる個人」である。「自らの学習と生徒の学習に情熱を持ち、その目的のために責任を共有する人」である。

「学習」とは、「専門職が自らの知識とスキルを向上するために取り組む活動」である。

そして、「共同体」とは、1つのトピックについて同僚と深く学びあい、そのトピックに関連する意味の共有を発展させ、共有の目的を確認するといった意義ある諸活動の中で交流するために、1つのグループとして集まる個人から構成されるものである。

この専門職の学習共同体を研究するにあたって、ホードは、次の6つの要素が共同体構成の要件ではないかと考えている（Hord、2009、pp.41-42）。

第一は、教師間の「信念・価値・ビジョンの共有」である。これは、学校がどうあるべきかについての、教師間に共通の価値観や信念がどの程度形成されているかという要件である。

第二に、学校内における「共有的・支援的なリーダーシップ」である。これは、特に校長との関係が重要となるが、教師に、どのように権力や権威、意思決定が配分されているか、という問題である。

第三は、「物理的な支援」の要件である。教師に、どれだけグループ活動のための時間や場所があり、資源や教材について支援が与えられているかという要件となる。

第四は、「人間関係的な支援」の要件である。学校内で学習のための活動に対して、どの程度、共同体内の尊重やケアリングの態度が示されているかという要件である。

第五に、実際的な「集合的な学習」が行われているかどうか、生徒の学習ニーズの方向づけをしたり、専門職の効果を向上するための研修などが実施されているかという要件である。

そして第六に、教師間に、「個人的な実践の共有」がなされているかど

うかである。教師が自分の教授スキルや教材を独占するのではなく、互いのフィードバックを得ることで個人や組織の改善につながる活動が行われているかという要件となる。

さらに、このような教師の学習共同体については、2008年より開始されたOECD国際教員指導環境調査（TALIS）の二次報告書『Teaching Practices and Pedagogical Innovation: Evidence from TALIS』(OECD CERI、2012)でも注目されている。

同報告書では、この共同体の特徴を、協働作業、ビジョンの共有、学習への焦点化、省察的探究と実践の共有にあるととらえている（OECD CERI、2012、pp.32-34）。ホードの概念を活用し、この共同体の目的が継続的な教授実践の改善にあり、学校レベルでの専門的開発のための探究的で、体系的、協働的な活動が教職員によって行われることにあるとする。

さらに、同書では、専門的学習を、質の高い指導を提供するために必要な道具や資源を備える多様な活動としてとらえている。そこには、スクールベースアプローチに加えて、教師の専門性を促進するネットワークやコーチング、多様な研修機会を含めている。広い意味で、学習する組織として機能する学校を、専門職の学習共同体としてとらえているのである。

またこの共同体が発展する条件として、学校のフォーマルな条件と社会的条件の2つの面から分析を行っている。前者では、学校規模、資源の利用可能性と学校の自律性が、後者では、実践のふりかえりやアイデアの共有化、問題を広く話し合えるかといった点での促進状況をみている。

2013年のTALIS調査には日本も参加しており、その結果からどのような分析が行われるかが、今後期待される。

参考・引用文献

相川充（2008）『先生のためのソーシャルスキル』サイエンス社
アルボム，ミッチ（1998）『モリー先生との火曜日』NHK出版（Albom, M., *Tuesday with Morrie*, David Black Literary Agency, 1997）
岩崎久美子（2010）「教育学分野でのエビデンスの産出」『薬理と治療』vol. 38、No. 1
上田紀行（2005）『生きる意味』岩波新書
内田樹（2008）『街場の教育論』ミシマ社
OECD編著（2005）『教員の重要性：優れた教員の確保・育成・定着』国立教育政策研究所国際研究・協力部監訳、国立教育政策研究所（OECD, *Teachers Matter: Attracting, Developing and Retaining Effective Teachers*, OECD Publishing, 2004）
OECD編著（2010）『PISA2009年調査 評価の枠組み』国立教育政策研究所監訳、明石書店（OECD, *PISA 2009 Assessment Framework: Key Competencies In Reading,Mathmatics and Science*, OECD Publishing, 2009）
OECD編著（2012）『OECD教員白書：効果的な教育実践と学習環境をつくる（第1回OECD国際教員指導環境調査（TALIS）報告書』斎藤里美監訳、木下江美・布川あゆみ・本田伊克・山本宏樹訳、明石書店（OECD, *Creating Effective Teaching and Learning Environments: First Result's from TALIS*, OECD Publishing, 2009）
OECD教育研究革新センター編著（2008）『形成的アセスメントと学力：人格形成のための対話型学習をめざして』有本昌弘監訳、明石書店（OECD CERI, *Formative Assessment: Improving Learning in Secondary Classrooms*, OECD Publishing, 2005）
OECD教育研究革新センター編著（2009）『教育のトレンド：図表でみる世界の潮流と教育の課題』立田慶裕監訳、座波圭美訳、明石書店（OECD CERI,

Trends Shaping Education: 2008 edition, OECD Publishing, 2008）
OECD教育研究革新センター編著（2011）『教育のトレンド2：図表でみる世界の潮流と教育の課題』立田慶裕監訳、宮田緑訳、明石書店（OECD CERI, *Trends Shaping Education: 2010 edition*, OECD Publishing, 2010）
OECD教育研究革新センター編著（2012）『知識の創造・普及・活用：学習社会のナレッジ・マネジメント』立田慶裕監訳、明石書店（OECD CERI, *Knowledge Management in the Learning Society: Education and Skills*, OECD Publishing, 2000）
OECD教育研究革新センター編著（2013）『学習の本質：研究の活用から実践へ』立田慶裕・平沢安政監訳、明石書店、2013（OECD CERI, *Nature of Leaning: Using Research to Inspire Practice*, OECD Publishing, 2007）
長田弘（2006）『読書からはじまる』日本放送出版協会
織田泰幸（2011）「『学習する組織』としての学校に関する一考察：Shirley M. Hordの『専門職の学習共同体』論に注目して」三重大学教育学部研究紀要、Vol62、211-228頁
小野田正利（2008）『親はモンスターじゃない！ イチャモンはつながるチャンスだ』学事出版
カーン，サルマン（2013）『世界はひとつの教室：「学び×テクノロジー」が起こすイノベーション』三木俊哉訳、ダイヤモンド社（Kahn, S., *The One World Schoolhouse:Education Reimagined,Inkwell Management*, LLC., New York, 2012）
喜多村和之（1995）『人は学ぶことができるか：教師と弟子』玉川大学出版部
教職員生涯福祉財団（2008）『教職員の生きがいに関する意識・実態等調査研究報告書』三菱UFJリサーチ＆コンサルティング
葛上秀文（2009）「相互に高めあう協働的な教師文化の構築」『「力のある学校」の探究』志水宏吉編、大阪大学出版会
厚東洋輔（1991）『社会認識と想像力』ハーベスト社
国立教育政策研究所編（2009）『教育におけるICTの活用：第2回IEA国際情報教育調査2006報告書』国立教育政策研究所
国立教育政策研究所編（2010a）『読書教育への招待』東洋館出版社
国立教育政策研究所編（2010b）『生きるための知識と技能4：OECD生徒の学習

到達度調査（PISA）2009年調査国際結果報告書』明石書店
国立教育政策研究所編（2013a）『生きるための知識と技能5：OECD生徒の学習
　　　到達度調査（PISA）2012年調査国際結果報告書』明石書店
国立教育政策研究所編（2013b）『成人スキルの国際比較：OECD国際成人力調
　　　査（PIAAC）報告書』明石書店
国立教育政策研究所内国際成人力研究会編（2012）『成人力とは何か：OECD
　　　「国際成人力調査」の背景』明石書店
小宮山博仁・立田慶裕編（2004）『人生を変える生涯学習の力』新評論
志水宏吉編（2009）『「力のある学校」の探究』大阪大学出版会
スティグレール，ベルナール（2009）『向上心について：人間の大きくなりたいとい
　　　う欲望』メランベルジェ眞紀訳、新評論（Stiegler, B, *Des Pieds et Des Mains:*
　　　Petite Conference Sur L'Homme et Son Desir de Grandir, Bayard, 2006）
スペンサー, ライル・M.／シグネ・M. スペンサー（2001）『コンピテンシー・
　　　マネジメントの展開：導入・構築・活用』梅津祐良・成田攻・横山哲夫訳、
　　　生産性出版（Spencer, Jr. L. M., and Spencer, S. M., *Competence At Work*,
　　　John Wiley & Sons, Inc., 1993）
センゲ, ピーター・M.（1995）『最強組織の法則：新時代のチームワークとは何
　　　か』守部信之訳、徳間書店（Senge, P. M., *The Fifth Discipline: The Art &*
　　　Practice of The Learning Organization, Doubleday Business, 1990）
ダーリング＝ハモンド, L.／J. バラッツ＝スノーデン（2009）『よい教師をすべ
　　　ての教室へ：専門職としての教師に必須の知識とその習得』秋田喜代美・藤
　　　田慶子訳、新曜社（Darling-Hammond, L. and J. Baratz-Snowden, *A Good*
　　　Teacher in Every Classroom: Preparing the Highly Qualified Teachers
　　　Our Children Deserve, Jossey-Bass, 2005）
竹内敏晴（1999）『教師のためのからだとことば考』ちくま学芸文庫
田嶋幸三（2007）『「言語技術」が日本のサッカーを変える』光文社新書
立田慶裕（2002）「成人の学習能力についての考察：生涯学習社会の文脈から」
　　　日本生涯教育学会年報、23号、17-37頁
立田慶裕（2006）「知識社会の教育システム：教育の工夫と知識の共有化」日本
　　　教育経営学会紀要、第48号、170-174頁
立田慶裕（2007）「生涯学習のためのキー・コンピテンシー：理論的枠組みから

実践的展開へ」生涯学習・社会教育ジャーナル、157-198頁

立田慶裕・岩槻知也編（2007）『新しい視点の生涯学習：家庭・学校・社会で育む発達資産』北大路書房

立田慶裕・井上豊久・岩崎久美子・金藤ふゆ子・佐藤智子・荻野亮吾（2011）『生涯学習の理論：新たなパースペクティブ』福村出版

立田慶裕（2010）「ニュージーランドの教育カリキュラムと学力問題」日本国際教育学会紀要第17号、15-29頁

タム，ジェームス・W．／ロナルド・J．リュエット（2005）『コラボレーションの極意：協動を導くための5つのスキル』斉藤彰悟監訳、春秋社（Tamm, J. W. and Luyet, R., *Radical Collaboration*, c/o Baror International, Inc. Armonk, New York, 2004）

デシ，エドワード・L．／リチャード・フラスト（1999）『人を伸ばす力：内発と自律のすすめ』桜井茂男監訳、新曜社（Deci, E. L., *Intrinsic Motivation*, Plenum Press, 1975）

ドラッカー，ピーター・F．（2007）『断絶の時代（ドラッカー名著集7）』上田惇生訳、ダイヤモンド社（Drucker, P. F., *The age of Discontinuity*, Harper & Row, 1969）

フレイレ，パウロ（2001）『希望の教育学』里見実訳、太郎次郎社（Freire, P. R. N., *Pedagogia da Esperanca: Un Reencuentro Con La Pedagogia del Oprimido*, Paz e Terra, 1999）

ポラニー，マイケル（1980）『暗黙知の次元』佐藤敬三訳、紀伊國屋書店（Polanyi, M., *The Tacit Dimension*, Routledge & Kegan Paul Ltd., London, 1966）

ホワイト，R. W.（1985）『自我のエネルギー：精神分析とコンピテンス』中園正身訳、新曜社（White, R. W., *Ego and Reality in Psychoanalytic Theory: a Proposal Regarding Independent Ego Energies*, International University Press Inc., 1963）

ボーム，デヴィッド（2007）『ダイアローグ：対立から共生へ、議論から対話へ』金井真弓訳、英治出版（Bohm, D. and Nichol, L., *On Dialogue 2/E*, Routledge, 1996）

丸山圭三郎（2008）『言葉とは何か』ちくま学芸文庫

メリアム，シャラン・B．／ローズマリー・S・カファレラ（2005）『成人期の学

習：理論と実践』立田慶裕・三輪建二監訳、鳳書房（Merriam, S. B. and Caffarella, R. S., *Learning in Adulthood*, Jossey-Bass Publishers, San Francisco, 1999）

メリアム，シャラン・B.編（2010）『成人学習理論の新しい動向：脳や身体による学習からグローバリゼーションまで』立田慶裕・岩崎久美子・金藤ふゆ子・荻野亮吾訳、福村出版（Merriam, S. B. edits, *Third Update on Adult Learning Theory*, Wiley Periodicals, Inc., 2008）

守谷雄司（2007）『仕事は段取り八分で決まるんだ！』中経の文庫

ユネスコ21世紀教育国際委員会（1997）『学習：秘められた宝――ユネスコ「21世紀教育国際委員会」報告書』天城勲監訳、ぎょうせい（UNESCO, *Learning the Treasure with in: Report to UNESCO of the International Commission on Education for the Twenty-first Century*, UNESCO, 1996）

ライチェン，ドミニク・S.／ローラ・H. サルガニク編著（2006）『キー・コンピテンシー：国際標準の学力をめざして』立田慶裕監訳、今西幸蔵・岩崎久美子・猿田祐嗣・名取一好・野村和・平沢安政訳、明石書店（Rychen, D. S. and Salganic, L. H. edit, *Key Competencies for a Successful Life and a Well-Functioning Society*, Hogrefe & Huber Publishers, 2003）

ライル，ギルバート（1997）『思考について』坂本百大・井上治子・服部裕幸・信原幸広訳、みすず書房（Ryle, G., *On Thinking*, Basil Blackwell, 1979）

渡辺健介（2007）『世界一やさしい問題解決の授業：自分で考え、行動する力が身につく』ダイヤモンド社

Boud, D., Keogh, R. & Walker, D.（1985）, *Reflection: Turning Experience into Learning*, London: Kogan Page.

Dewey, J.（1938）, *Logic: The Theory of Inquiry*, MN: Rinehart & Winston.

European Commission（2006）, 'Recommendation of the European Parliament and of the Council of 18 December 2006, On key competences for lifelong learning' *Official Journal* L 394 of 30.12.2006.

European Commission（2005）, 'Common European Principles for Teacher Competences and Qualifications', *http://ec.europa.eu/education/policies/2010/doc/principles_en.pdf*.

Guthrie, J.T., McRae, A. & Klauda, S.L. (2007) 'Contributions of Concept-Oriented Reading Instruction to Knowledge About Interventions for Motivations in Reading', *Educational Psychologist*, 42 (4) , pp.237-250

Hattie, J. (2003) , "Teachers Make a Difference: What is the Research Evidence?", Keynote address presented to the conference Building Teacher Quality, October 19-21, Australian Council for Educational Research, Melbourne.

Hord, S.M. (1997) , *Professional Learning Communities: Communities of Continuous Inquiry and Improvement*, Austin, TX; Southwest Educational Development Laboratory.

Hord, S.M. (2009) , 'Professional learning communities: Educators work together toward a shared purpose', *Journal of Staff Development*, 30 (1) , pp. 40-43.

Kegan, R. (1980) , 'Making Meaning: The Constructive-Developmental Approach to Persons and Practices', *The Personal and Guidance Journal*, January, 1980, pp. 373-380.

Kegan, R. (1994) , *In Over Our Heads: The Mental Demands of Modern Life*, Harvard University Press.

Kegan, R. (2001) , 'Competencies as working epistemologies: Ways we want adults to know', in Rychen D.S. & Salganik, L.H. (Eds.) , *Defining and Selecting Key Competencies*, pp.192-204, Germany: Hogrefe & Huber.

Kolb, D. (1984) , *Experiential Learning: Experience as the Source of Learning and Development*, Prentis Hall.

OECD CERI (2012) , *Teaching Practices and Pedagogical Innovation: Evidence from TALIS*, OECD Publishing.

Rychen, D.S. & Salganik, L.H. (2001) , *Defining and Selecting Key Competencies*, Hogrefe & Huber, Germany.

Schon, D. (1987) , *Educating the Reflective Practitioner: Toward a New Design for Teaching and Learning in the Professions*, Jossey-Bass

Taste, H. (2001) , 'Ambiguity, Autonomy, and Agency: Psychological

Challenge to New Competence', in Rychen, D.S. & Salganic, L.H., 2001, *Defining and Selecting Key Competencies*, Hogrefe & Huber, Germany, pp.93-120.
Trilling, B. & Fadel, C. (2009), *21st Century Skills*, John Wiley & Sons.
UNESCO (2011), "ICT Competency Framework for Teachers", UNESCO.
Wilkerson, J.R. (2007), *Assessing Teacher Competency*, Corwin Press.

資　料

教師のコンピテンシーと資格の
ヨーロッパ共通原則

European Commission, 'Common European Principles for Teacher Competences and Qualifications', 2005
（立田慶裕 訳）

はじめに

　本文の目的は、教師のコンピテンシーと資格のヨーロッパ共通の原則を定めて国や地域の政策担当者を支援することにある[1]。この原則は、Education and Training 2010への進展のためのEC委員会の中間報告に著された課題に対応するため立案されてきた[2]。

背　景

　教師は、青少年や成人学習者の学習経験を支援するという重要な役割を果たしている。教育システムを発展させる方法や、EU諸国を2010年までに高度な知識経済社会にする改革の推進において重要な役割を担っている。高品質の教育が、学習者に個人的な充足や優れた社会的スキル、多くの多様な雇用機会を提供することを教師は知っている。すべての人のために働こうとする包摂性の価値観と学習者の可能性を育てる必要に触発されたこの職業は、社会に大きな影響を持ち、人間の潜在的可能性を発達させ、未来の世代を育てるという重要な役割を果たす。したがって、この理想的な目標を達成するために、EUは、教師の役割とその生涯学習やキャリア発達に、重要な優先性を置いている。教師は、知識社会の進化する挑戦に応じ、そこに積極的に参加し、学習者を自律的な生涯学習者にするために備えなければならない。したがって、教科の知識、カリキュラムの内容、教授法、イノベーション、研究や教育の社会的文化的次元への継続的な参加を通じて学習と教授の過程をふりかえっていくことができなければならない。教師教育は、高等教育の水準に置かれなければならないし、高等教育と学校や、教師が働くその他の機関との強い連携関係で支援される

資料　教師のコンピテンシーと資格のヨーロッパ共通原則

必要がある。

　教師はまた、EU市民としての役割を学習者に育てる重要な任務がある。そのためにも、多様な文化を知り尊敬できる必要がある。他のヨーロッパ諸国で得られた最初の経験は、この課題に対応するよう教師を支えてくれる。したがって、加盟国間の教師のコンピテンシーや資格に関しては、相互的な信用や認定の発展が優先されるべきである[3]。

　教師たちは社会で重要な役割を果たすのだが、それぞれ一人で働くことはできない。教師の高品質な教育は、教師の働く学校により、適切な資源を提供する国や地域の一貫した政策の中で支援される必要がある。こうした政策は、教師の初任者研修から継続的な専門研修にいたるまでの取り組みを必要とするだけでなく、一般的な教育政策のいっそう広い文脈の中に位置づけられなければならない。教師研修のスタッフは、学習の質に大きな影響を持つし、全国や地域の制度の一部として提供されなければならない。

ヨーロッパ共通の原則

　このヨーロッパ共通の原則は、EU全域の教育の質と効率性を高める発展的な政策の推進力を提供する。ヨーロッパ共通の原則とは下記の通りである。

(1) 優れた資質を備えた職業

　すべての教師が高等教育卒業者であり、職業教育の入門段階で働く教師がそれぞれの専門分野で優れた資質を持ち、適切な教育学的資格を備えるべきことを高度な質の教育システムは求めている。自分の教授能力を発展させ、専門職内での進歩の機会を増やすためにも、高度な水準まで自分た

197

ちの学習を続ける機会を、教師誰もが持つべきである。教師養成は、多くの専門分野にわたっている。広範囲な教科の知識や教育学の優れた知識、学習者を導き支援するためのスキルやコンピテンス、そして教育の社会的文化的次元の理解を持つことを、教師養成は確かなものにする。

(2) 生涯学習の文脈に位置づく職業[4]

　教師は、その職歴を通じて専門性開発を続けるために支援されなければならない。教師とその雇用者は、新しい知識を獲得することの重要性を知るべきだし、教師はその仕事について知るために新たな手法（イノベーション）を導入したり、科学的根拠を用いたりすることができるようにすべきである。教師のすべての職歴の中で進歩し、適応するために生涯学習を重視する制度で雇用される必要がある。教師は積極的に効果的な実践の科学的根拠を調べ、進歩する知識社会に対応するために現代の技術的制度的革新や研究に関わるべきである。教師は専門性開発に能動的に参加するよう勧められる必要がある。専門性開発は、教育部門外での経験期間を含め、教育制度の中でもその経験を認め、報いるようにするべきである。

(3) 異動可能な専門職

　異動性は、初任者教師研修や継続的な教師研修プログラムの中心的要素とすべきである。教師は、ヨーロッパのプロジェクトに積極的に参加するよう奨励され、専門性開発を目的とした他のヨーロッパ諸国の仕事や研修に時間をかける必要がある。そうした教師には、ホスト国でその地位を保障するとともに、その参加が母国でも認められ、評価されることが重要である。教育の多様な段階での異動や教育部門内の異なる専門職への異動の機会も提供されるべきだろう。

(4) パートナーシップに基づく専門職

　教師養成を提供する機関は、学校や地域の職場、職業訓練機関やその他の関係者と連携して教師養成を組織する必要がある。高等教育機関は、その教育方法において最新の実践の知識を得られるよう保障すべきである。教師養成のためのパートナーシップは、実践的なスキルと学術的科学的な基礎に強調点を置き、教師が自分の実践や他者の実践をふりかえる力と自信を持てる機会を提供すべきである。教師養成それ自体が支援され、研究や調査の対象とされなければならない。

原則を有効に働かせるために：キー・コンピテンシー

　教授と教育は、知識社会の経済的文化的状況への変化の中で、知識社会の文脈の理解が求められるようになってきた。
　したがって、教師は、次のような力を求められている。

第1に、他者と共同する力である。
　社会的な包摂の価値に基づき、すべての学習者の可能性を引き出す専門職として働く。人の成長と発達の知識を有し、他者と関わる際には自己への信頼を示さなければならない。個人としての学習者とともに働き、学習者が社会に十分参加できる能動的な構成員として発達することを支援できなければならない。学習者の集合的な知性を増す方法を用いて働くとともに、自分自身の学習や教授を向上できるよう同僚と共同し、協働できなければならない。

第2に、知識、テクノロジーと情報を備えて働く力である。

　教師は多様なタイプの知識を備えて働くことができる必要がある。教師の教育と専門的な発達によって、知識の活用ができるテクノロジーの効果的利用を行いながら、知識にアクセスし、分析し、検証し、反省し、伝達できる力を教師に備えさせなければならない。教師の教育学的スキルによって、学習環境を作り運営することを教師に認め、教育の普及を行う上で選択できる知的な自由を保持することを認める必要がある。ICTを活用できる自信は、教師が学習や教授に効果的に統合できるようにするだろう。情報を発見し構成するネットワークへと教師が学習者を導き支援できるようにすべきである。客観的な知識についての優れた知識を持ち、生涯学習の視点から学習を考えるべきである。教師の実践的で理論的なスキルの学習によって、教師自身が自らの経験から学び、学習者のニーズに応じて多様な教授戦略や学習戦略を適用できるようにもすべきである。

第3に、社会とともに、社会の中で働く力である。

　教師は、グローバルにEU市民としての役割を果たせるような学習者の形成に貢献する。教師は、ヨーロッパ内での異動と協働を促進し、文化間の尊敬と理解を奨励できるようになるべきである。学習者の多様な文化を尊敬し気づくとともに、その共通の価値を確認することとのバランスについて一定の理解を持つべきである。社会的統合や社会的排除を生み出す要因についての理解とともに、知識社会の倫理的次元を認識する必要がある。教師は、地域のコミュニティや教育のパートナー、関係者、親や教師養成機関、地域の代表的な団体と効果的に働けるようにすべきである。教師の経験と熟達性によって、教師の質を保障するこうしたシステムに教師自身が貢献できるようにすべきである。

　これらの領域における教師の力は、初任者養成、研修や継続的な専門性

開発を含む生涯学習の一貫した専門的養成に組み込む必要があるが、初任者養成で必要なコンピテンシーをすべて有するようになる必要はない。

各国・各地域の行政担当者への提言

このヨーロッパ共通の原則に従った政策を行うために、各国・各地域のレベルでの政策策定を行うために次の提言を行う。

（1）教職の質の向上を図ること

- 教師は、高等教育機関の卒業生かそれと同等の資格を持つ必要がある。
- 初任者職業研修の分野における教育は、その専門的領域において高度な質を備える必要があり、適切な教育資格を持たなければならない。
- 教師研修プログラムは、ヨーロッパの高等教育での地位を保障し、専門性の発達と異動の機会を増やすためにも高等教育の3つの教育レベル（学士、修士、博士課程）において提供されるべきである[5]。
- 教育・訓練に関する新しい知識の発展への研究とエビデンスに基づく実践の貢献が促進されるべきである。

（2）教職は、その初任者研修から就任時、そして継続的な専門研修を含めた連続体として考えられる必要がある。

- フォーマルな分野やノンフォーマルの分野での学習活動にわたって一貫し十分な資源を提供する生涯学習が、教師の継続的な専門的発達を普及するために必要とされる。教師の生涯学習活動は、教科を基礎とした研修や方法を研修内容に含み、そのキャリアを通して利用でき、

適切な時に知られるようにしなければならない。
- 初任者用や継続的な専門研修プログラムの内容は、学習への学際的で協同的なアプローチの重要性が反映されなければならない。

(3) 教師の人事異動が奨励されること

- 初任者研修や継続的な専門研修プログラムに統合されたものとして、異動のプロジェクトが促進され、普及されるべきである。
- 初任者研修や継続的な専門性開発プログラムは、教師が文化的多様性を重視し尊敬できるようにし、学習者がEU市民となりグローバルな責任を果たせるように教育できるようにするためにも、ヨーロッパ内での協力活動の知識と経験を持てるように保障する必要がある。
- 初任者研修や継続的な専門性開発プログラムにおいては、教科に関連した語彙を含めたヨーロッパの言語を学ぶ機会を利用できるように促すべきである。
- 相互認定と増加する異動を考慮してヨーロッパ内における教師資格の信用と透明性をいっそう拡大することを優先しなければならない。

(4) 教職は他部門の担当者との連携の中で働くべきこと

- 教師が雇用されている学校、企業、民間研修機関、高等教育機関の間の連携が、高度な質の研修や効果的な実践を支援するため、そして地域レベルの教育革新のネットワークを発展させるために、奨励されなければならない。

注

1. 本論で、教師とは、一定の国の法規と実践に従う教師の地位を持つものとして承認された人のことである。国によっては、多様な呼称を伴う教師集団もありえるが同様の地位が適用される場合もありえるという理由から、この言葉を用いている。国によっては、教師は、学校やカレッジ、企業や研修組織の職業訓練プログラムの中で、就学年齢の生徒たちや青年と働く指導者ということもありえる。
2. Education and Training 2010（教育と訓練2010）。『緊急改革に関するリスボン戦略の要点の成功』は、2004年2月26日の審議会・委員会の両方により採用された。このレポートは、教師と指導者のコンピテンシーと資格を含み、多くの地域でのヨーロッパ共通の参照基準と原理が優先事項として展開されるべきことを提言している。
3. 教師の資格と業績は、ヨーロッパ資格枠組み（The European Qualifications Framework）内で理解されるべきである。
4. 教師の生涯学習は、フォーマルなものもあれば、ノンフォーマル、インフォーマルなものもありうる。教育、研修、再研修、学校での更新、公共、民間機関での学習を含んでいる。研修は、教科の知識、教授法、学習法、教育学、心理学、組織的アプローチ、理論と実践など個人の学習過程に影響するすべての内容において生じる。
5. ボローニャプロセスの意味における学士、修士、博士の3つの水準。

出所：EUROPEAN COMMISSION Directorate-General for Education and Culture Commission européenne, B-1049 Bruxelles / Europese Commissie, B-1049

あとがき
──人として生きる力──

　キー・コンピテンシーは、OECDが12か国の教育政策からコンピテンシーの政策報告をまとめて、欧米の多様な領域にわたる知識人を集めてその内容を検討したデセコシンポジウムから抽出されたキー概念である。その後、この能力概念は、各国でさらに多様に変化しつつある。

　筆者は、このデセコシンポジウムの成果としてまとめられた『キー・コンピテンシー：国際標準の学力をめざして』を訳出後、キー・コンピテンシーに関して多くの講演依頼を受けてきた。また自身もキー・コンピテンシーの研究として、2003年のデセコ報告書以降の動きについて追跡し、キー・コンピテンシーの概念を調査に活用したPISAやPIAACなどの国際調査や各国の教育政策の動向を追いながら論文もいくつか執筆し、その後のOECDの主要な研究成果の翻訳作業もいくつか行ってきた。しかし、その普及の範囲と概念の変化はあまりに大きく、私一人ではとらえられない状況になりつつある。

　たとえば、アメリカ合衆国やオーストラリアでは、いくつかの「21世紀スキル」という概念モデルも出現しているし、OECD自体も「21世紀コンピテンシー」といった表現や「成人スキル」といった表現を用いることも多くなっている。こうしたキー・コンピテンシーの展開については、また別の報告をしたいと考えており、その研究も進めてきた。

　ただ、イギリスの「スキルズ・フォー・ライフ」といった政策や「21世紀スキル」という用語にみられる「スキル」という概念では、コンピテンシーという概念の深さや広さを限定してしまうがために、その意義を殺してしまう可能性がある。むしろ、日本語でいう「人間力」や「生きる

力」の方が能力主義的な要素が減り、よい表現と考えるのは筆者だけだろうか。知識の記憶やスキルの習得にとどまらない学習がこれからは求められているはずである。

　能力を科学的に測定し、高度化する知識に応じた教育研究や学習法の開発研究をOECDは積極的に進めている。しかし、キー・コンピテンシーをめぐるOECDの教育研究が各国の政策に活用されるに際しても、OECDがソーシャル・キャピタルやヒューマン・キャピタルという用語を用いる傾向があるために、経済中心主義や新自由主義などといったレッテルが貼られることもある。レッテルを貼れば、その研究や各国の教育政策が理解できてしまったように思う思考停止を避けるためには、もっとその研究の成果を咀嚼し、理解する必要があるのではないだろうか。ユネスコがコンピテンシーという概念を用いるように、欧米の先進諸国だけではなく、リテラシーをはじめとするコンピテンシーの測定については、ユネスコ加盟の諸国も、カナダのユネスコ統計研究所やアメリカ合衆国のETSと協力しながら、調査への参加を始めており、その測定尺度は、PISAやPIAACの内容と類似した尺度が用いられている。

　こうした能力の科学的測定さえ、日本の教育研究では十分行われていないし、すでに終了した国際調査の活用も十分とはいえない。国際調査でさえ、リテラシー、数的思考力、科学的思考力は、キー・コンピテンシーのうちの一部、道具を相互作用的に活用する力にしかすぎない。

　この点についても、2003年の報告書『キー・コンピテンシー』では、非認知的側面の研究が不十分、「書くこと」の尺度がないなどの課題をあげている。さらに、社会的に異質な集団で交流する力や自律的に活動する力と関わるコンピテンシーの測定手段の開発はさらに困難を要すると述べている。対人関係能力について、1990年代後半にいくつかの国で実施されたALLという「成人のライフスキル」調査では、チームワークのコンピテンシーは、チームワークが発生する現場でのみ観察できることを示し、その測定用具の開発に失敗している。しかし、こうした研究はまだ始

まったばかりといってもいい。そのためには、多くの研究者が国際的な連携をとりながら、参加していく必要がある。

　ふりかえる力を核としながらの3つのコンピテンシーは、相互に関連しあっているのではないかという仮説がある。自律的に活動する力、異質な集団で交流できる力、道具を相互作用的に活用する力は、いずれかの力が高ければ、他の力も高くなっていく可能性がある。

　この点については、もっとシンプルにその人間モデルを考えたイギリスの心理学者、ヘレン・テーストの論文が参考になる（Taste、2001）。この論文も、3つのキー・コンピテンシーを抽出する際に参考とされたものだが、テーストは、テクノロジカルなコンピテンシー、曖昧さや多様性を扱うコンピテンシー、コミュニティとのつながりを維持し見つけるコンピテンシー、動機や感情、欲求を管理するコンピテンシー、能動的行為と責任のコンピテンシーの5つを提唱するのだが、その背景となる人間モデルも興味深い。

　コンピテンシーの発展に関連したメカニズムを持つ人間モデルとして、イノベーションを行いながら、システムの連続性を維持できる人に、次の3つのモデルがあると彼女はいう。1つは、パズルソーバー、問題を解く人である。もう1つは、ストーリーテラー、物語を語る人である。そして最後がツールユーザー、道具を使う人である。パズルソーバーが得意とするのは、目標に向かう問題解決である。ストーリーテラーは、語りやシンボルを巧みに使い、文化を構成し、意味を生成する人である。ツールユーザーは、言語やテクノロジーを含めて、個人と環境との間で相互作用を行い、道具を使う方法についてのより高度なコンピテンシーを開発していく。

　このいずれかの性質は、人によって、どれが強くどれが弱いかもあるだろう。すべての性質を備えた優秀な人もいるかもしれない。これらの性質が社会の変化への適応性に富んでいるというのがヘーストの主張である。物語を作る自律性、パズルを解く社会の規準作り、テクノロジー発展への

適応力は、大きく急激に変化する社会に生き残る力でもある。

　教師の職務を考えた時、知識やスキルが高度化する社会の中で、そうした知識やスキルを教える立場に立つ教師は、さらに高度な知識やスキルが要求される。だからこそ、教師の質の向上が各国で世界で求められているのである。しかし、その学習は、単に多くの知識やスキルを習得すればいいという量的な問題ではないだろう。むしろ、状況に応じて、学び続けるための学習スキルや、人間関係力、自律的に学ぶ力、そして必要な道具を状況に応じて使いこなすような、人としての質の高さが求められているのではないだろうか。

　教師に必要とされるコンピテンシーとして、本書で十分に論じきれなかった問題がなお後2つ残されている。

　その1つは、第13章で述べた失敗や悩みを学習に活かせる教育環境作りである。児童や生徒が失敗した時にその失敗から学べる学習環境、児童や生徒が持つ悩みを教師が受容し、共に解決に向かえる教育環境、そして、教師自身の失敗を活かし、悩みを解決できる職場の学習と教育の環境である。教員研修の機会だけではなく、大変につらい教育問題を教師が抱えた時にその問題を学校や地域で解決できるような教育環境を作るという課題がある。この課題は、単に、教師個人のコンピテンシーが高ければ解決できる場合もあれば、そう簡単にはいかない場合もある。地域や学校、そして行政が組織として、システムとして対応できるような教育施策が求められる。

　もう1つは、日本の文化的特質を活用できるような日本版のキー・コンピテンシーをどう考えていくかという課題である。いわば、日本の文化的特質を活かしたコンピテンシーの探究である。デセコのキー・コンピテンシー概念は、欧米12か国が中心となって考えられたが、そこでも文化的な差異を活かしたコンピテンシーの問題についてはふれられなかった。

　たとえば、メリアムらは、学習の非西洋的視点として、西洋の合理的な根拠に基づく教育だけではなく、東洋や日本の文化には、ホリスティック

あとがき ──人として生きる力──

で、非認知的、地域に根ざす教育といった特色があるという（メリアム、2010）。東洋や日本では、学習が共有的で、コミュニティ基盤のインフォーマルな学習が多く行われているという。実際、文化に関わる学習や自律性、集団の社会性などの育成は、日本の場合各教科のカリキュラムで学ぶというよりも、学校行事などの特別活動や部活動で育成されることが目標とされている。このような文化的な特質を児童や生徒だけが学ぶのではなく、教師自身も日本の文化についてどう考え、その良さをどう維持し、習得していくかという課題がある。文化というものの1つに言語や歴史があるとすれば、それは、教師自身がまず豊かな日本語を学ぶということ、あるいは各教科についての日本の歴史の学習から始まるのではないだろうか。数学の日本史、物理の日本史などの学習は、想像するだけで興味深い。

　最後に、本書の基礎となった原稿は、「教師の人間力：キー・コンピテンシーを考える」と題して、月刊『学校マネジメント』（明治図書出版）に2009年から2010年にかけての連載したもの（第1章から第12章）である。

　連載では、3つのキー・コンピテンシーについて、それぞれの力を教師の具体的な実践に役立てるにはどうすればよいかを考えながら執筆した。しかし、その後3年間のうちに、最も重要な省察の力、ふりかえりの力について十分書き切れていないこと、また、EUの教師のキー・コンピテンシーの提言にもあるようなパートナーシップについての考察が足りなかったことから、もっと十分な議論を展開したかった。特に、2012年、2013年に、OECD教育研究革新センターの成果、『知識の創造・普及・活用』と『学習の本質』を訳出し、その研究動向からも、学校と地域や家庭とのパートナーシップの重要性、そして学習組織としての学校の重要性についてさらに考えを整理しておく必要が生じた。そこで、これまでの基礎稿に加筆・訂正を加え、ふりかえりについては第13章を、パートナーシップの問題については第14章を加筆した。だが実際には上述したように、ま

だまだ多くの研究課題が残されている。

　筆者は、昨2013年に還暦を迎えた。十代の学生の頃からの研究活動、論文執筆は未だに続き、未消化の研究も数多い。それでも、本書をまとめることができたのは、長年にわたり十分な研究環境を提供してくれた国立教育政策研究所のおかげである。そして岩崎久美子さん、松尾知明さんをはじめとする研究所の同僚たちや、今西幸蔵先生、平沢安政先生をはじめ多くの研究者仲間が、理論面でも研究活動面でもいろいろなヒントや励ましを与え続けてくれたことに敬意を表したい。未消化の仕事の中には、そうした人々への宿題がまだ残されている。本書の校正にあたっては、三浦恵子さん、山本邦子さんにお世話になった。

　また、これまでのOECDに関わる本の刊行と同様、明石書店の安田伸氏には大変お世話になった。安田氏とは、最初の『学校の安全と危機管理』(2005) の刊行から数えて10年を越えるおつきあいとなった。筆者の稚拙な訳や文章の校正に耐え続けてくださった、その想像を超える忍耐力には感謝の言葉もない。そして、いつも人生の生きる力を与えてくれる妻京子に最大の感謝を。

2014年　積雪の如月に

立田 慶裕

◎著者紹介

立田 慶裕（たつた・よしひろ）　TATSUTA Yoshihiro

1953年生まれ。大阪大学大学院人間科学研究科後期課程単位取得退学。大阪大学助手、東海大学講師・助教授を経て、現在、国立教育政策研究所総括研究官。主な著書・訳書に、『教育研究ハンドブック』（編著、世界思想社、2005年）、『成人期の学習：理論と実践』（シャラン・B. メリアム，ローズマリー・S. カファレラ著、共訳、鳳書房、2005年）、『学校の安全と危機管理：世界の事例と教訓に学ぶ』（OECD編、監訳、明石書店、2005年）、『キー・コンピテンシー：国際標準の学力をめざして』（ドミニク・S・ライチェン、ローラ・H・サルガニク編著、監訳、明石書店、2006年）、『教育のシナリオ：未来思考による新たな学校像＜OECD未来の教育改革1＞』（OECD教育研究革新センター編著、監訳、明石書店、2006年）、『家庭・学校・社会で育む発達資産：新しい視点の生涯学習』（共編著、北大路書房、2007年）、『教育のトレンド：図表でみる世界の潮流と教育の課題』（OECD教育研究革新センター編著、監訳、明石書店、2009年）、『世界の生涯学習：成人学習の促進に向けて』（OECD編著、監訳、明石書店、2010年）、『成人学習理論の新しい動向：脳や身体による学習からグローバリゼーションまで』（シャラン・B・メリアム編、共訳、福村出版、2010年）、『学校教員の現代的課題：教師力・学校力・実践力』（共編著、法律文化社、2010年）、『よくわかるヒューマン・キャピタル：知ることがいかに人生を形作るか＜OECDインサイト2＞』（ブライアン・キーリー著、OECD編、単訳、明石書店、2010年）、『生涯学習の理論：新たなパースペクティブ』（共著、福村出版、2011年）、『ソーシャルキャピタルと生涯学習』（J・フィールド著、共訳、東信堂、2011年）、『教育と健康・社会的関与：学習の社会的成果を検証する』（OECD教育研究革新センター編著、共訳、明石書店、2011年）、『教育のトレンド2：図表でみる世界の潮流と教育の課題』（OECD教育研究革新センター編著、監訳、明石書店、2011年）、『成人力とは何か：OECD「国際成人力調査」の背景』（共著、明石書店、2012年）、『知識の創造・普及・活用：学習社会のナレッジ・マネジメント』（OECD教育研究革新センター編著、監訳、明石書店、2012年）、『成人のナラティヴ学習：人生の可能性を開くアプローチ』（マーシャ・ロシター、M・キャロリン・クラーク編、共訳、福村出版、2012年）、『学習の本質：研究の活用から実践へ』（OECD教育研究革新センター編著、監訳、2013年）、『教師のための防災教育ハンドブック（増補改訂版）』（編著、学文社、2013年）ほか。

キー・コンピテンシーの実践

学び続ける教師のために

2014 年 3 月 28 日　初版第 1 刷発行	著　者	立田慶裕
	発行者	石井昭男
	発行所	株式会社　明石書店
		〒 101-0021
		東京都千代田区外神田 6-9-5
		TEL　03-5818-1171
		FAX　03-5818-1174
		http://www.akashi.co.jp
		振替　00100-7-24505

組版　朝日メディアインターナショナル株式会社
印刷・製本　モリモト印刷株式会社

(定価はカバーに表示してあります)　　　　　　　　ISBN978-4-7503-3995-5

JCOPY 〈(社)出版者著作権管理機構　委託出版物〉
本書の無断複写は著作権法上での例外を除き禁じられています。複写される場合は、そのつど事前に、(社)出版者著作権管理機構（電話 03-3513-6969、FAX 03-3513-6979、e-mail: info@jcopy.or.jp）の許諾を得てください。

キー・コンピテンシー 国際標準の学力をめざして
ドミニク・S・ライチェン、ローラ・H・サルガニク 編著　立田慶裕 監訳
●3800円

ESDコンピテンシー 学校の質的向上と形成能力の育成のための指導指針
トランスファー21編　由井義通、卜部匡司 監訳
高雄綾子、岩村拓哉、川田力、小西美紀 訳
●1800円

学習の本質 研究の活用から実践へ
OECD教育研究革新センター編著
立田慶裕、平沢安政 監訳　佐藤智子ほか訳
●4600円

知識の創造・普及・活用 学習社会のナレッジ・マネジメント
OECD教育研究革新センター編著　立田慶裕 監訳
●5600円

脳からみた学習 新しい学習科学の誕生
OECD教育研究革新センター編著
小泉英明 監修　小山麻紀、徳永優子 訳
●4800円

教育のシナリオ 未来思考による新たな学校像
OECD教育研究革新センター(CERI)編著　OECD未来の教育改革①
立田慶裕 監訳　有本昌弘、伊藤素江、古屋貴子 訳
●3800円

個別化していく教育
OECD教育研究革新センター(CERI)編著　OECD未来の教育改革②
岩崎久美子 訳
●3800円

デマンドに応える学校
OECD教育研究革新センター(CERI)編著　OECD未来の教育改革③
平沢安政 訳
●3800円

欧州教育制度のチューニング ボローニャ・プロセスへの大学の貢献
フリア・ゴンサレス、ローベルト・ワーヘナール 編著
深堀聰子、竹中亨 訳
●3600円

PISAから見る、できる国・頑張る国
トップを目指す教育
経済協力開発機構(OECD)編著　渡辺良 監訳
●4600円

PISAから見る、できる国・頑張る国2
未来志向の教育を目指す：日本
経済協力開発機構(OECD)編著　渡辺良 監訳
●3600円

PISA2009年調査 評価の枠組み
経済協力開発機構(OECD)編著　国立教育政策研究所 監訳
●3800円

PISAの問題できるかな？
OECD生徒の学習到達度調査
経済協力開発機構(OECD)編著　国立教育政策研究所 監訳
●3600円

生きるための知識と技能5
OECD生徒の学習到達度調査(PISA2012年調査国際結果報告書)
国立教育政策研究所 編
●4600円

TIMSS2011 算数・数学教育の国際比較
国際数学・理科教育動向調査の2011年調査報告書
国立教育政策研究所 編
●3800円

TIMSS2011 理科教育の国際比較
国際数学・理科教育動向調査の2011年調査報告書
国立教育政策研究所 編
●3800円

〈価格は本体価格です〉

教育のトレンド
OECD教育研究革新センター編著　立田慶裕監訳　座波美美訳
図表でみる世界の潮流と教育の課題
●2400円

教育のトレンド2
OECD教育研究革新センター編著　立田慶裕監訳　宮田緑訳
図表でみる世界の潮流と教育の課題
●2400円

学習の社会的成果
OECD教育研究革新センター編著　坂巻弘之ほか訳
健康、市民、社会的関与と社会関係資本
●3600円

教育と健康・社会的関与
NPO法人 教育テスト研究センター(CRET)監訳
山形伸二、佐藤智子、荻野亮吾、立田慶裕、籾井圭子訳 矢野裕俊監訳
学習の社会的成果を検証する
●3800円

世界の生涯学習
OECD編著　立田慶裕監訳
成人学習の促進に向けて
●3000円

学校の安全と危機管理
OECD編　立田慶裕監訳　安藤友紀訳
世界の事例と教訓に学ぶ
●2800円

スクールリーダーシップ
OECD編著　有本昌弘監訳　多々納誠子、小熊利江訳
教職改革のための政策と実践
●3800円

形成的アセスメントと学力
OECD教育研究革新センター編著　有本昌弘監訳　小田勝己、小田玲子、多々納誠子訳
人格形成のための対話型学習をめざして
●3800円

学習成果の認証と評価
OECD編　山形大学教育企画室監訳　松田岳士訳
働くための知識・スキル・能力の可視化
●2800円

日本の大学改革
OECD編著　森利枝訳　米澤彰純解説
OECD高等教育政策レビュー:日本
●3200円

教育とエビデンス
OECD教育研究革新センター編著　岩崎久美子、菊澤佐江子、藤江陽子、豊浩子訳
研究と政策の協同に向けて
●3800円

よくわかる国際貿易
パトリック・ラヴ、ラルフ・ラティモア著　濱田久美子訳　OECD編
自由化・公正取引・市場開放
●2400円

よくわかるヒューマン・キャピタル
ブライアン・キーリー著　立田慶裕訳　OECD編
OECDインサイト[1]
知ることがいかに人生を形作るか
●2200円

よくわかる国際移民
ブライアン・キーリー著　濱田久美子訳　OECD編
OECDインサイト[3]
グローバル化の人間的側面
●2400円

よくわかる持続可能な開発
トレイシー・ストレンジ、アン・ベイリー著　濱田久美子訳　OECD編
OECDインサイト[4]
経済、社会、環境をリンクする
●2400円

格差は拡大しているか
OECD編著　小島克久、金子能宏訳
OECD諸国における所得分布と貧困
●5600円

〈価格は本体価格です〉

成人スキルの国際比較
OECD国際成人力調査（PIAAC）報告書
国立教育政策研究所編
●3800円

成人力とは何か
OECD「国際成人力調査」の背景
国立教育政策研究所内国際成人力研究会編著
●3500円

教育研究とエビデンス
国際的動向と日本の現状と課題
国立教育政策研究所編　大槻達也、惣脇宏ほか著
●3800円

図表でみる教育
OECDインディケータ（2013年版）
経済協力開発機構（OECD）編著
●8400円

諸外国の教育動向 2012年度版
文部科学省
●3800円

移民の子どもと格差
学力を支える教育政策と実践
OECD編著　斎藤里美監訳　布川あゆみ、本田伊克、木下江美訳
●2800円

移民の子どもと学力
社会的背景が学習にどんな影響を与えるのか
OECD編著　斎藤里美監訳　木下江美、布川あゆみ訳
●3200円

国際バカロレア
世界が認める卓越した教育プログラム
相良憲昭、岩崎久美子編著　石村清則、橋本八重子、吉田孝著
●2600円

OECDジェンダー白書
今こそ男女格差解消に向けた取り組みを！
OECD編　濱田久美子訳
●7200円

OECD幸福度白書
より良い暮らし指標：生活向上と社会進歩の国際比較
OECD編　徳永優子、来田誠一郎ほか訳
●5600円

OECD保育白書
人生の始まりこそ力強く：乳幼児期の教育とケア（ECEC）の国際比較
OECD編著　星三和子、首藤美香子、大和洋子、一見真理子訳
●7600円

OECD教員白書
効果的な教育実践と学習環境をつくる
〈第1回OECD国際教員指導環境調査（TALIS）報告書〉
OECD編著　斎藤里美監訳
●7400円

世界の教育改革4 OECD教育政策分析
「非大学型」高等教育、教育とICT、学校教育と生涯学習、租税政策と生涯学習、稲川英嗣、御園生純監訳
OECD教育研究革新センター、世界銀行編著　斎藤里美監訳　徳永優子、矢倉美登里訳
●3800円

国境を越える高等教育
教育の国際化と質保証ガイドライン
OECD編　濱口桂一郎監訳　中島ゆり訳
●3800円

日本の若者と雇用
OECD若年者雇用レビュー：日本
OECD編著　濱口桂一郎監訳　中島ゆり訳
●2800円

世界の若者と雇用
学校から職業への移行を支援する
〈OECD若年者雇用レビュー・統合報告書〉
OECD編著　濱口桂一郎監訳　中島ゆり訳
●3800円

〈価格は本体価格です〉